精神科医がよくつかっている治癒することば

［精神科医］
上月英樹
Kohtsuki Hideki

さくら舎

はじめに

人生は限られている。

私たちは、その中で憧《あこが》れや希望、目的や目標、そして時には、悩みや不安を抱き彷徨《さまよ》う。そんなとき素敵なパートナーや先輩、親族に出会いことばを交わしながら、こころを温《あたた》かくするのだろう。

だから、どうだろう！　みずからの、あるいは先達《せんだつ》のことばたちに耳を傾けてみては……。

声に出したことばは、言霊《ことだま》といわれるくらい、その影響力は大きい。そのことばが魂《たましい》をもち、そのことばがきっかけになって現実に影響を与えていくのだ。人生の大先輩たちも、悩み苦しみながら、さまざまなことばを残していった。語り継がれているのは、実際に有効であったからだ。

人生の岐路に立ち、迷うこともある。老境にいたり、人生の意義を見失うこともある。あるいは幸せの絶頂にいても、ふと不安にかられることも。さらには、ある人への嫉妬《しっと》で眠れぬ夜を過ごすこともある。

そんなさまざまな人生のシーンで、これまで人間はどんなことばに支えられてきたのか……。この本には、数多くの金言や名言がふくまれている。またさまざまな媒体《ばいたい》からの素晴らしいことばたちも収載した。そしてなによりも、実際の診察室でつかってみて、悩める人へ十分資するものだけを厳選した。

もちろん、ことばは、誰が言ったかも大事である。あの偉人が、作家が、女優がなど……。

それも名言を紐《ひもと》解くときの醍醐味《だいごみ》だろう。

もう一度言おう。人生は限られている。

悩み疲れたら、この本をめくっていただいて、ひとつでも皆さまのこころに響くことばが見つかり、お役に立てれば、筆者としては望外の喜びである。

もくじ

第2章 レジェンドがかける魔法

第3章 悩み相談、プロのひとこと

第4章 文豪に聞いてみよう

第5章　そっとつぶやいてみる

精神科医がよくつかっている
治癒することば

第1章

気になるあの人のことば

しんどいときに夢のチャージ

いじめた相手を見返す
最高の方法は
「自分なりの幸せを見つけること」

中川翔子《なかがわしょうこ》

朝日新聞（２０１９年8月18日）朝刊一面に載ったことばである。

夏休み明け直前に命を絶つ子どもが多いことを踏まえた記事で「好きなこととして　君の道を生きて」（#withyou ～きみとともに～）と見出しにある。

みずからもいじめられた経験をもつタレントの中川翔子のことばを紹介している。

しょこたんの愛称で知られ、ロックを歌わせれば超絶！　バラエティアイドル、マルチタレント、イラストレーターで一世を風靡《ふうび》している彼女にそんな経験があるなんて、私はまったく知らなかったが、そのさなかは、好きな絵を描きつづけたと言う。

さらに「しんどいときに好きなことをやって身を守る、心を守るということは、きっと未来につながる。夢のチャージ、未来の夢の種まきになる。心から思います」と言う。

一方、ＤＶ（ドメスティック・ヴァイオレンス）の被害に遭《あ》うクライエントは年々増加傾向にある。啓蒙《けいもう》活動が盛んになってきたから、いらっしゃる方が増えているのだろうか。やはり、夫からの身体的暴力がいちばん多い。

しかし近年は妻からのＤＶも、まれにある。

「ＤＶは障害、病気ではなく、価値観の問題（男尊女卑など）でその本質は、〝支配〟です」と前置きして、クライエントの方に次のように言う。

「加害者への最大の復讐は、あなたがあなたのスケジュールで大好きなことを、いきいきとやることです。趣味でも友人との旅行でも！　いちばんいけないのは、また暴力を振るわれないかと、ビクビクして生きることです。それこそが、加害者の支配性を確認する喜びを強化することになるからです！」

いじめとＤＶ、かたちは違えど、対応については通底するものがあるように思う。

これからは、若い人なら誰でも知ってる中川のこのことばも添えて語ってみるか！

恨みを貯金しても仕方がない。

長谷部《はせべ》　誠《まこと》

２００６年から代表引退を発表した２０１８年まで日本代表に選ばれつづけ、キャプテンとしてワールドカップに３度出場しているプロサッカー選手の長谷部のことばだ！

著書『心を整える。――勝利をたぐり寄せるための56の習慣』（幻冬舎）は、１３６万部突破の大ベストセラーになった。

彼も人の子だ。「バスで浦和に戻る途中、耐え難《がた》い屈辱感《くつじょくかん》が込み上げてきた。なぜ監督は自分を使わなかったのか。使わないのなら、なぜ帯同メンバーに選んだのか。いっそのこと浦和に残してくれた方が良かった。ひとりで浮かれていたことも悔しさを倍増させた。両親には気まずくて、メールすら打てなかった」という失意の経験を語り、そのあとに、このことばである。スポーツマンらしくストレートで直球勝負だ。

そうなんだ！　恨《うら》みを貯金してどうするの。

利子がついて、しだいに大きくなるよ!?　あぁくわばら、くわばら。

いずれにしても、貯金するなら、ことばの金言がいいね。これだったら、使わないでとっといても、気がついたときには、利息がいっぱいついていて、得だからね！

本当に、恨み、つらみ、妬《ねた》み、嫉《そね》みは貯金したらダメ！

貯金するなら、名言や憧《あこが》れ、夢や希望、大志や勇気がいいよ！

だって、利子がついて、放っておいても大きくなるから！

スーパースター長谷部のビッグネームを必ず添えて語ると「わかりやすい！」って、納得されるクライエントが多い。

自分流にこだわりすぎない

あなたはいったい日に何度、
自分の全身像を鏡で確認しますか？
ふつうは、あなたの衣服を、
他人のほうがずっとよく見ているのです。

林《はやし》 修《おさむ》

自分のことは自分がよくわかっていると言い張る人は多い。そんなとき、今をときめく予備校教師から、今やテレビで見ない日がないくらいの活躍のマルチタレント、林のこのことばがおもしろい（『いつやるか？　今でしょ！――今すぐできる45の自分改造術！』宝島社）。

我流を通すことはもちろん重要だが、それで限界を感じたり、うまくいかなくなったら、専門家に委《ゆだ》ねてみることも必要ではないか。私がかつて足繁く通っていた美容室のマスターのことばも一脈通じるものがある……。

「この女優さんのようにセットしてくださいと言われてもね、もちろんヘアスタイルはその通りにしますけど、顔が違うから、全体としては同じにはなりませんよって、言いたくなりますけど、言いませんよ、決して。だからひとこと、『任せたよ！』って言ってくれれば、最高に仕上げますすよ！」

思い込みが人間関係の壁に

その一方、変えられるものがある。
それは、あなたの〈思い込み〉である。
夫とはこうあるべき。
家族とはこうでなきゃ。
それって、あなたの一方的
思い込みではありませんか？

柴門《さいもん》ふみ

漫画家・東海林《しょうじ》さだおが秀逸なエッセイストでもあるように、お茶の水女子大学を卒業後、『東京ラブストーリー』や『あすなろ白書』など多くの恋愛漫画を描いている柴門ふみもまた、『大人恋愛塾』『愛についての個人的意見』など優《すぐ》れたエッセイを著《あら》わしている。

そんな柴門のことばだ（『恋愛は終わらない』新潮文庫）。見出しは、「〈思い込み〉を変えてみよう」である。

嫁姑問題や夫の親戚《しんせき》などとのつきあいが煩《わずら》わしいなどは、人間関係にまつわる悩みの定番中の定番だ。このことばの前段で柴門は次のように言っている。

「では、気持ちよく日常を送るためには、どのような技術が必要であろうか。

まず、変えられるものと、変えられないものに分類してみよう。

第一に、過去は変えられない。……女はとかく、男の過去の失敗をぐちぐち責めるものだが、責めたって過去は変わらない。……次に相手の親兄弟は取り換えられない。……自分にとって異質な習慣を持つ親戚も、認めてあげよう。異文化の外国人だと思えば腹も立たない」

そして、このことばだ。

さらに、「こうやって、変えられるものと変えられないものに気づけば、あとはもう、毎日笑顔での会話を心がける。――これでもう、充分でしょう」と結んでいる。

心配性なクライエントに、「自分が変えられるものについては、頭脳明晰《めいせき》なあなたの頭でとことん考えましょう！　変えられないものは、放置しましょう！」

というのは、診察室でよく言うセリフである。

柴門ふみの名前を出すと、とくに女性の方との距離がぐっと近くなる。

性格を変えたいと思っている人へ

性格は変えられない。でも、心は変えられる

松岡修造《まつおかしゅうぞう》

ご存じ！　元世界的プロテニスプレーヤーで錦織圭《にしこりけい》選手の師匠でもあり、いまやマルチタレントの松岡の日めくりカレンダーからの名言である（『〔日めくり〕まいにち、修造！——心を元気にする本気の応援メッセージ』ＰＨＰエディターズ・グループ）。

「性格を変えたい」とクリニックを訪れる方は多い。おもに青年期の人がメインである。一様に、明るく前向きで外交的な性格がいいと言う。

性格には光と影があり、あなたが憧《あこが》れるような性格も見方を変えると、わがままで自己中心的、支配性が強いこともよく知られていますよって、言っても理解してくれないことが多い。そして、「できないんですね！　先生は！」とくる。

そんなとき、このことばを次のような彼の文章を交えて紹介する。

「僕は、性格は生まれ持ったものであり、変えることができないと考えている。けれど、

心は変えられると思っている。なぜなら、僕自身がそうだったから。本当の僕は、ネガティブでとても弱い人間。だから、言葉の力を借りて、後ろ向きになりそうな自分の心を必死に応援してきた。言葉を前向きに変えていけば、心のあり方も必ず変えられるんだ」

そして、今全盛の認知行動療法を紹介し、臨床《りんしょう》心理士や公認心理師とセッションを組む。今はいい時代だ。プログラムされた素晴らしい考え方をする方法まで用意されている。

期待は自分にしよう!

期待は自分にするべきだと、私は常々いっている。
自分に期待してうまくいかなくても、
結果は自分に返ってくるだけ。
次へ生かすことが出来る。

下重暁子《しもじゅうあきこ》

私は孤独大好き人間だから、青年時代のお友だちブーム、すなわち友人多いイコール明

るく素敵でネアカ、友人少ない（僕）イコール暗く淋しくネクラ式のステレオタイプ思考が流行《はや》った時代は、少数派でずいぶんつらい思いをした。でも長くつきあえる一握り、いや一人でもいいが、親友は常にいた。みんな酒飲みだったなあ。

今、孤独ブームである。その先駆けは確かに『家族という病《やまい》』を書いた下重であろう。私が大好きな作家である。

ＮＨＫでトップアナウンサーの一人として活躍したあと、フリーに転じ文筆活動に入る。公益財団法人ＪＫＡ（旧・日本自転車振興会）会長などをへて現在、日本ペンクラブ副会長、日本旅行作家協会会長を務めている。

あの人やこの人が、妻や夫が、姑や舅が、先生や先輩、後輩、同僚が、ああだこうだと、きょうもまた、たくさんの方がたが、クリニックにいらっしゃる。そんなとき、この下重のことばで一刀両断！（『極上《ごくじょう》の孤独』幻冬舎新書）

自分だけ、自分だけにいっぱいいっぱい、期待しよう。自分を見て一生懸命、この瞬間を生きれば、まわりに反応する暇なんかないよね。

十分時間をかけて、クライエントの思いのたけを聴《き》きつづけたあと、満を持してこのことばを静かにつぶやいてみる。

演出にどこまで応えられるか、自分への挑戦です。

柳楽優弥《やぎらゆうや》

是枝裕和《これえだひろかず》監督「誰も知らない」でカンヌ国際映画祭最優秀男優賞を、日本人初・史上最年少で受賞。以降映画、テレビ、舞台で幅広く活躍している柳楽のことばだ（「FACE MEN 2019」サンデー毎日　2019年6月23日号）。

文中の解説には「一見、飄々《ひょうひょう》とした天才肌に見えるが、実はひたむきで熱い男。役者の中には、まさに役者に生まれついたとしか表現できない人がいる。彼はその一人なのだろう」とある。

まさに同感である。このことばは、私が仕事でよくつかわせていただいている。

日々の診療は、クライエントの望みにどこまで応えられるか、自分への挑戦だ！

それにはよく願いや希望を聴《き》かなければならない。耳を澄まし、表情を見ながらクライエントのこころに思いを馳《は》せる……。

自分との対峙《たいじ》、これまでの自分の限界を超えるべく、すなわち自分への挑戦である。

自虐フレーズにゾクゾク

……期待するな！

ヒロシ

私は自虐《じぎゃく》ネタで一世を風靡《ふうび》したピン芸人のヒロシの大ファンである。ホスト経験もあり顔だちも端正だ。日めくりカレンダーは松岡修造《まつおかしゅうぞう》と蛭子能収《えびすよしかず》のものを自宅のリビングに飾っているが、2015年9月にヒロシの名言を集めた日めくりカレンダーが出版されたことを最近知った（『ヒロシの日めくり』まいにち、ネガティブ。』自由国民社）。

早速購入してみると、ゾクゾクするような自虐フレーズ満載で、こちらのカレンダーは、私の寝室に飾ってある。

31日のところに「雑誌の袋とじ、キャバ嬢からの電話、女の子のいうカワイイ友だち、隣に引っ越してきた美人、風が強い日、みるみるヤセる！、日本を元気に！、悪いようにはしないから、一生幸せにするよ、ずっとあなたのファンでいます……期待するな！」

ストンと、こころに落ちることばで、すっきりする。

じゃあ、何に期待するのかって？

自分に、いっぱいいいっぱい期待しよう。

この情けない、何もない今の自分を信じて（自信）、期待して、一歩一歩進んでいこう。

あまりにも他者へ目が向きすぎて、それで苦しくなっている方へ、ヒロシの最近の活躍ぶり（キャンプ生活評論家など）とともに話したりする。

つらい記憶の対処法

傷ついた記憶は人生の参考材料

蛭子能収《えびすよしかず》

トラウマ。はやりである。もともと戦場における生死にかかわるストレス体験がトラウマであったはずだが、拡大解釈で、すなわち自分が「不快で不愉快」を感じたら、即トラウマとなっている傾向がある。

まあ、それはともかく、子どもたちが解離症状（抱えきれないストレスのため意識の変容、ぼーっとする、記憶がなくなる、もしくは、からだに麻痺《まひ》などが生じる）や自殺未遂を繰り返す重篤《じゅうとく》な精神病理を引き起こす例があとをたたないことから、一律に論じることはできないことを承知で、いや、そういう症状が見られたら、ぜひ少数ながら優《すぐ》れた専門医は日本におられるので、扉をノックしてくださるようお願いします。

そこまでない場合のクライエントには、蛭子さんの日めくりカレンダーのこのことばを話すことがある（『生きるのが楽になる まいにち蛭子さん』PARCO出版）。

「人から傷つけられた記憶がずっと頭から離れない……という人は、無理に忘れようとしなくてもいいんじゃないですかね。覚えているからこそ、『自分はそういうことはしないでおこう』とか『子供にはさせないようにしよう』とか考えることができるんだと思いますね。つらい記憶は人生の参考材料にしてしまえばいいんですよ」

けだし解説も名文だ。

疲れたとき、ゆったりほっこりしたいとき、蛭子さんの日めくりカレンダーを、ゆっくりめくりながら、「逆《さか》らいきれない、香りの誘惑。」のキャッチコピーで知られるジャパニーズウイスキーのオンザロックをやるのが、私の至上の喜びだ。週休一日だから、当然、日曜日の夕方だけどね。

何かが終われば何かが始まる

一人芝居という意味では、若い頃と同じことを続けているのに、60歳を過ぎてからその世界が広がるなんて、人生って一周回って「はい終わり」というものではないんですね。むしろ終わったことで新しい何かが始まる。そう考えると、これから先がどんどん楽しみになっていく。

イッセー尾形《おがた》

一人芝居で一世を風靡《ふうび》した著名な俳優、イッセー尾形の最近のことばである（「僕は今、けっこう幸せです……60歳を過ぎてから未知の領域に踏み込む喜びを味わえるなんて」婦人公論2019年4月9日号）。

60歳でそれまでずっと所属してきた事務所を離れてフリーになったが、独立したら突然時間ができて、ポカーンと真空状態になっちゃったという。人形制作に打ちこんだりもしたが、そんなときに、夏目《なつめ》漱石《そうせき》を一人芝居でやってみませんか、という話が舞いこんだという。

今まではゼロからつくりあげる完全なオリジナル作品だったが、今度は文豪がつくりあげた世界で、自分の発想だけでは得られなかった体験ができると考え、「妄《もう》ソーセキ劇場」という公演名で２０１５年から続けているという。

２０１８年からは川端康成《かわばたやすなり》や太宰治《だざいおさむ》、ゴーゴリなど国内外の文豪作品を演じる「妄ソー劇場」もスタートさせた。まさに独立して今までのスタイルを変えてスタートしたからこそ、さらに世界が広がり充実感やわくわく感が得られたのだ。

失ったものを数え、過去を懐かしむだけの定年退職者の方へ、尾形の話をすると、生きてきた時代が、尾形と、クライエントと、私とで、見事にクロスして、話に花が咲く。「そうだね、イッセーもそうか。じゃ、新しいこと見て、やってみます！」と笑顔になる人が多い。

親友はひとりできればいいほう

人付き合いは「腹六分」でいい

美輪《みわ》明宏《あきひろ》

朝日新聞土曜版beの大好評連載「悩みのるつぼ」の待望の書籍化で、真っ先に購入した(『楽に生きるための人生相談』朝日新聞出版)。「ヨイトマケの唄」が大ヒット、紅白歌合戦でも熱唱。演劇、リサイタル、講演活動でも活躍している美輪のことばである。

悩み相談のかたちをとり、「人と友好関係を維持できません。親友という感覚の友達も2、3人はいますが……」という18歳男子学生に、このことばで答えている。

ラインでつながり、過剰で緊密、性急に友人関係を求めてしまう傾向があり、そのことで、ときに被害者的になり、親とともにクリニックを訪れる中高生がいる。

美輪は「今の時代は、こういう人が本当に多い。……いつまでも付き合える人は一生に何人も出てこない。親友なんて一人できればいい方で、助けが必要な時にはいつでも助けてあげて、普段は当たり障りのない距離で見守っている人のことでしょう。……離れていく人は、ニセ者だから惜しむ必要はありません。本物は離れません」と言う。

三《み》島《しま》由《ゆ》紀《き》夫《お》との永年にわたる親交はよく知られているが、美輪について三島は「ひざの上に乗るからなでてやったら、図に乗って肩まで上ってくるやつがいる。しまいには頭に上って、顔までなめるやつがいる。キミにはそういうところが一切なかったからな」と言ったという。このくだりも大好きである。天才三島の巧《たく》みな表現と、唸《うな》らざるをえない。友だちが少ない！　寂しい！　もっともっとつながりたいという方がたに話してみる。

「なりたい」じゃなく「絶対なる」

理想の自分をいつもイメージしなさいっていう母の教えがあったので、「歌手になりたい」じゃなくて「絶対なる」と思ってました。「コンサートがしたい」じゃなくて「する」。全部それで現実になってるんですけど、結婚だけが思い描けてないっていうか（笑）。

森口博子《もりぐちひろこ》

いつも明るい森口は17歳のときアニメ「機動戦士Zガンダム」の主題歌「水の星へ愛をこめて」でデビュー。バラエティー番組で活躍する「バラドル」としてひっぱりだこになった。今も彼女の顔を見ると勇気づけられる。その秘密、秘訣を彷彿《ほうふつ》とさせるようなことばである（シングルスタイル「ひとりのページへようこそ」読売新聞　２０１９年2月10日）。

心理学の本を読むまでもなく、母の陽性な性格と相まって、覚えずして、願望を意志に変えて突き進み、夢を現実にしている。

新聞でこのことばを見たときは、うれしかったなあ。リアルタイムに同時代を生きている生のことばは、やはりいい。こころに滲《し》みてくる迫力が違う。

斬新な自分発見！

自分というものは、どういう切り口で表せば一番鮮やかに見えるのだろうということを、真剣に考えてみる。

佐藤可士和《さとうかしわ》

日本を代表するクリエイティブディレクター、アートディレクターで慶應義塾大学環境情報学部特別招聘教授を務め、ＳＭＡＰなどのミュージシャンのアートワークも手がけている佐藤のことばだ（『ＮＨＫ「トップランナー」の言葉』ＮＨＫ「トップランナー」制作班編　知的生きかた文庫）。

どうすれば、売れるか、時代にヒットするのか、そんな観点から、モノのみならずヒトそして自分を考えていく。

どうしても、内省的な方は、欠点を見つけ、それをどう克服するのか式の発想になる。それも意義深いことだが、１８０度考えを変えて、一番鮮やかにと思いを馳《は》せると、一気にムードが一変する。

まさか、自分の至らない点を、鮮やかに表現する人はいないだろう。そうなると、自然といいとこ、数少ないけど自分のセールスポイントに目が向かわざるをえず、そうすると、何かしら見えてきて……。

認知行動療法的アプローチとも似て、こころが軽くなる。

なめらかに喋れなくても

……ふだんは少々もったいぶって喋《しゃべ》る
美男子の父がどもると、私はどこか安心したものでした。
英国の上流階級の喋り方を映画などで聞くと、
ときどきどもっているように聞こえますが、
あれは一種の気取りでしょう。
どもることで誠実さを仮装する習慣のようにも思えます。

谷川《たにかわ》俊《しゅん》太郎《たろう》

私は社交不安障害で、症状が時には吃音症《きつおんしょう》というかたちになり悩んだ。中学、高校時代が最盛期で、たいそう苦しんだ。大学入試の面接試験ではこれを逆手にとって「今、とても緊張してうまく話せませんが、こういうのも治《なお》す医者になりたい」なんて答えてたんだ。（けっこう、したたか！）今でも思い出すと懐かしい感情がわき出てきて、泣きたくなる。

後年、子どもたちへの読み聞かせのための絵本などでの谷川しか知らなかった私は、エッセイ集『ひとり暮らし』（新潮文庫）をはじめて近くの本屋で立ち読みして、「内的などもり」という小文に引きこまれて、即、購入したのだ。

もちろん谷川は、デビュー作の詩集『二十億光年の孤独』が高く評価されてから、多数の詩集、エッセイ、絵本、翻訳書などを出版し、各方面で八面六臂《はちめんろっぴ》の活躍をしているビッグネームであるが、「父がどもりだったので、吃音に私は違和感なく育ちました。父は大学教師でしたが、講義や講演などはどもらずにしていたようです」と言う。

彼は反対にぺらぺら喋るやからには嫌悪感をもっていて、「どもるとき、父の言葉はどもらないときよりも、感情がこもっているように聞こえましたが、それはどもらない人間の錯覚かもしれません。しかし私にはあまりになめらかに喋る人に対する不信感があるのも事実で、これは自分自身に対する疑いと切り離せません。私もいわゆるsmooth-tongued（注：口先のうまい）の一人なのです」と言う。

さらに「でも私だって自分の気持ちの中では、しょっちゅうどもっています。それは生理的なものではないので、吃音とは違うものですが、考えや感じは、内的などもりなしでは言葉にならないと私は思っています。言葉にならない意識下のもやもやは、行ったり来たりしながら、ゴツゴツと現実にぶつかりながら、少しずつ言葉になっていくものではないでしょうか」と説いている。

時たま「どもってしまう」というクライエントがいらっしゃる。若い人も中高年の方もおられるが、不思議に今のところは男性ばかりだ。

「話す内容に集中してください。もうとびっきり素晴らしい発表をして、人づてにその評判を聞いた社内一の美人が、あなたに会いたくなるような。みんなは内容に注目しています。あなたが、どもるかなんてことには、一切興味はないんですから！」と言ったあと、谷川のことばを紹介する。

一気にクライエントの眉間《みけん》のしわが消え、肩の力みがすっと軽くなるのがわかる。

ジンとくる発想転換

“来なくてよかったサンタクロース”の心を大切にせよ！

毒蝮《どくまむし》三太夫《さんだゆう》

「サンデー毎日」は毎号、クリニックの待合室に置いてある。さまざまな連載があるが、最近目にとまったのが、これだ！（「昭和・平成　世紀をまたいだ辻説法師　マムシの小言」サンデー毎日　２０１９年１月６−13日号）

毒蝮三太夫は１９６９年から続くＴＢＳラジオ「毒蝮三太夫のミュージックプレゼント」で高齢者との見事な掛け合いが大人気の俳優、タレント、聖徳《せいとく》大学短期大学部客員教授である。

私は、彼のコーナーが「大沢悠里《おおさわゆうり》のゆうゆうワイド」の中にあるときから聴《き》いている。いや、そもそも私は大沢悠里の大ファンなのだ。なかでも、さこみちよとのおいろけばなしは絶品である。

それはさておき、なぜサンタが来なくてよかったのか。毒蝮は、サンタが来なかった家の男の子のことばとして、「きっと、サンタさんは僕より悲しい子、親のない子、家のない子、貧しい子のところへ行ってボクのところへ来られなかったんだね。だから、サンタさんは来なくてよかったんだ。そうだ、来なくてよかったんだ。来なくてよかったサンタクロース」と記している。

まあ、これには参ったね。ジンときて胸が熱くなった。発想の転換や現実をどのように認知するかで、がらりと気分が変わっていくとは、まさに、このことであろう。

「愚痴を言う」、「他人を嫉む」、「誰かに評価して欲しいと願う」……人生を無駄にしたければ、この3つをどうぞ。

ちきりん

このことばは、ライフネット生命保険株式会社の創業者で立命館アジア太平洋大学学長、最近読売新聞「人生案内」の回答者としても活躍している出口治明《でぐちはるあき》の著書『人生の教養が身につく名言集』（三笠書房）の中で見つけたものだ。

さっそくオリジナルにあたると、「Chikirinの日記」でアワード対象およびアルファブロガー・アワードを受賞したブロガーで文筆家、ちきりんの300のことばに出合えた（『多眼思考――モノゴトの見方を変える300の言葉！』大和書房）。ちきりんは本名と顔を公表していないが、とてもストレートで歯に衣着《きぬ》せぬ表現のかずかずが、心地よい。

クライエントの話の多くは、愚痴《ぐち》、嫉《そね》み、自分を理解してほしいのオンパレードである。愚痴を毎日延々と聞かされるカウンセラー、公認心理師の心中は察するに余りあるが、確固とした学問的裏づけがあるのだろうから、よしとしよう。
私を含めて、最後の「誰かに評価してほしいと願う」が曲者《くせもの》だと思う。評価するのは、他人で、他人はどう考えようが、勝手である。自分の手の届かないところを見て、悩んでいても無意味で、それこそ、人生を無駄にしてしまう。
愚痴、嫉み、評価してほしいが出てきたときは、そっと「人生を無駄にしたいんですか？」とクライエントに問いかけることがある。もちろん、私自身にもね。
確かに、この3点セットは人生を無駄にする。

やすらぎは瞬間に!?

皆やすらぎたいんだけれど、
人間なんて結局死ぬまでやすらげない。
ホーム名は皆の憧れや目標を表している。

石坂浩二《いしざかこうじ》

倉本聰《くらもとそう》脚本の、連続テレビドラマ「やすらぎの郷《さと》」は、石坂浩二、浅丘《あさおか》ルリ子、加賀《かが》まりこなど、かつて実生活で婚姻関係などにあった異色のキャストで話題になったが、テレビ業界人専用の老人ホームを舞台とする物語である。

シルバー世代向け帯ドラマとして好評を博したが、引きつづき2019年春から「やすらぎの刻《とき》~道」が放送されている。

確かに、物語の舞台であるテレビ業界人専用の老人ホーム『やすらぎの郷』はその名に反し、いつも恋愛やうわさ話で俗っぽくにぎにぎしい。

そこで、石坂のこのことばである（「beテレビ週間番組表」朝日新聞　2019年9月7日）。

同感だ！

クリニックには、地元のいわゆる高級老人ホームへ入所中の方も来られるが、問題はたいていホーム内の人間関係のもつれが多い。

庶民からするとハード面では至れり尽くせりの感があるが、だからこそ、ささいな？（と、私はいつも思うのだが）齟齬《そご》にも耐えられないらしい。「わがままで、他人を理解しない入居者ばかりだ」と言うが、類は友を呼ぶというから……。

大先輩の精神科医が、近くの超高級老人ホームの嘱託医《しょくたくい》をされていたが、彼のことばも忘れがたい。

「上月君、私は医者です！なんて態度で接したら絶対駄目だよ。社長、会長、議員、弁護士、公認会計士なんてさ、人に上から目線で、意見されたことがまったくない人種だからさ！　ひたすらご高説をうかがい、同意し、尊敬しないとね」

それはともかく、俳優で、石坂ミュージカル・エンタープライズ社長、趣味は二科展でも入賞した腕前の絵画など、多彩な才能を見事に開花させた石坂のことばには含蓄《がんちく》がある。

結局、やすらぎなんて、ないのさ。

やすらぐ瞬間はあるだろうけど、すぐ次から次へと、いろんなことが起きて、その繰り返しが人生なんだろう。

老人ホームでの、一大関心事は、「恋愛とセックスと食事」であるというのも、あながち嘘《うそ》ではない。食と性はいずれも、本能だから！

素晴らしいホームに大枚をはたいて入居したが、毎回延々と「入所者のレベルの低さと、東京のホームにすればよかった」話をされる紳士に、このことばを語りかけるが、あまり反応ははかばかしくない。

自分ばかり損をしていると思うな

勝《かつ》間《ま》和《かず》代《よ》　上《かみ》大《おお》岡《おか》トメ

最年少で公認会計士になり、各界での活躍がめざましい経済評論家の勝間と、東京理科大学工学部建築学科卒業の気鋭のイラストレーター上大岡の初コラボレーション本の中のことばだ（『勝間和代・上大岡トメの目ぅろこコトバ』朝日新書）。

魅力的なことばが満載なのだが、これが群を抜いていると思う。ストレートできわめてわかりやすい。

勝間は「さまざまな人生相談を受ける中で、人生がうまくいく人となかなかうまくいかない人の差はここではないか、と気づいて言語化したものです。すなわち、『自分ばかり損をしている』と思った瞬間から、被害者意識で周りへの感謝を失い、本当に自分ばかり損をするようになるという悪循環があると考えました」と言う。

さらに「一方、『自分はいつも人生から新しいことを習っている』と考える人は、常に周りへの感謝を忘れません。不運なこと、つらいことがあったとしても、そこから自分にとっての幸運の種を見つけることができているのです。『自分は損ばかりしている』と考えることは、わざわざ自ら次の不幸を招くようなものです。ふだんから、過度な被害者意識を持たないように、日常生活の中で心がけてください」と結んでいる。

けだし、名言である！

クライエントに話すと、「わかってますけど、そう簡単にはいきません！」と言う方がほとんどだ。でも、大丈夫。この私だって、口ぐせにしてから数年たつけど、なかなかうまく切り替えられないことが多いんだから……。

でも、このことばを知っているのと、知らないのでは、人生は確実に変わってくると信じている。

「運」をめぐって

「運がいい人」も「運が悪い人」もいない。
「運がいいと思う人」と、
「運が悪いと思う人」がいるだけだ。

中谷彰宏《なかたにあきひろ》

これも、ストンとこころに落ちる名言だ（『中谷彰宏名言集』ダイヤモンド社）。

自分に、毎日まいにち起こることのほとんどは、偶然のなせる業《わざ》だ。

私は最近、車を運転していて怖い目に遭《あ》った。右折中の私は直進してくる相手の車のスピードを甘く見たようだ。すんでのところで衝突だった。

なんて私は運が悪いんだろうと考えると、私も悪いが、相手も悪い、いや直進優先だから、圧倒的に私に非がある！　動体視力も認知能力もダメになったなどなど、限りなく悲観的となり気分は落ちていく。

一方、私は運がいいのだ！　とまず言い切ってしまうと、なぜ？　そりゃ、まず衝突しなかったんだもの！　こちらの車は11年落ちだが、向こうの車は新車で、きっと自動停止装置つきだったんだよ！　ああ、なんて、私は運がいい人なんだろうって、次つぎといい考えが浮かんでくる。

そして、やはり運転は、見込み運転は絶対せず、もっともっと慎重にするぞ！　という思いが沸々《ふつふつ》とわいてくる。

このことばは、認知行動療法的アプローチを勉強中の方によく話すが、家では話さない。だって、そんなポンコツに乗ってないで、最新の装備つきの新車買いなさいよって言われそうだから。

人との距離のとり方

一人になってお酒を飲みながら、
洋画を見ている時間が至福の時なんです。
……誰にも干渉されず、
自分の時間を好きなように使える。
だから本当に申し訳ないんだけど、
夫がいる人は可哀想だなと思ったりします。

鳳蘭《おおとりらん》

夫が単身赴任となり、泣き暮れていたクライエントは、その後数年して、年に6日だけ夫と会えば十分だと言い、にっこりされる。

有能な企業戦士として一部上場会社で、役員まで昇りつめたあと、退職して自宅で悠々自適な生活を送りはじめた夫だけど、ものの3ヵ月で奥さまがうつになり、夫婦でクリニックに来られた。

妻いわく、「もう、耐えられません。なにがいやだって、ずーっと一緒でしょ。いやです！　とくに昼食の最中に『晩飯はなんだ？』って聞かれるのがいちばんいや！　体が震えて吐き気がしてくるんです」とおっしゃる。

いやはや、そりゃテレビ番組の選択権は独占、風呂へ入る時間も自由気まま、お友だちと映画、ランチ、ディナー、小旅行もすべて自分の判断で即オーケイだったのが、今度はひがな一日、いや、これからどちらかが死ぬまで一緒と考えると、そりゃ、誰だっておかしくなりますね。

それで、このことばだ！（鳳蘭、五木《いつき》寛之《ひろゆき》「人に気を使わずに自分の時間を楽しむ」婦人公論　２０１９年10月８日号）

宝塚歌劇団星組トップスターとして活躍後、ミュージカルを中心に活躍し「鳳蘭レビューアカデミー」を開校、菊田《きくた》一夫《かずお》演劇賞などを受賞した鳳のことばである。

高名な作家で近著に『続・孤独のすすめ――人生後半戦のための新たな哲学』がある五木に、家庭と舞台の両立について聞かれると、「難しかったですね。相手は医師でしたので、手術など神経を使う仕事をして帰ってくる。お互いにストレスを抱えて……離婚してよかった。２人の娘にも恵まれましたし」と言い、さらに孫との関係についてもこう答えている。

「すごくかわいいけど、一緒にいるのは40分が限度。早く一人になりたくて。『もう帰ってもいいのよ』と優しく言うと、娘が察して、連れて帰ってくれます」

愛した、いや現在も十分に愛している人との関係性の維持が、いかにむずかしいか、やはり、一体化ではなく、もちろん呑みこまれるのでもないアサーティブ（自他を尊重した）な距離のとり方の重要性に、あらためて気づかされる。

鳳も五木も、たいそうなビッグネームだから、中高年の方には、すこぶる評判がいいことばだ。

新しい自分になる時間

ひとりで歩くほうが発見があるものです

行正《ゆきまさ》り香《か》

ＳＮＳの爆発的な普及が象徴するように、現代は過剰すぎるくらいつながりが重要視される。

こころを扱う病院は、入院するときスマホのもちこみ禁止が多いが、その話をしたとたんに、「それなら死んだほうがましです」と吐き捨てるようにおっしゃる方は、まれではない。

料理研究家で教育系ウェブサイトの企画運営にも携《たずさ》わっている行正は、「ひとりで散歩をするのが大好きです。……話をすることばかりに夢中になっていたら、咲きかけている花の蕾《つぼみ》を見落としてしまいます。川面で休む鳥たちの姿も目に入らない。……なんとなくそばにいてくれるみんなとワイワイ飲む時間が、限りない足し算ならば、ひとりで静かに散歩する時間は引き算の時間です。週に一度くらいは自分の状態をゼロに戻して、そして新しい自分になる時間があったらいいな」と言う（『行正り香の はじめよう！ ひとりごはん生活』朝日新聞出版）。

まさに同感である。人は自分から逃れることはできない。いくら逃げても無視しても、いつかは向き合わなくちゃならない。

自分の最良の理解者、サポーターは自分だから、たまにはひとりになって、静かに内なるみずからのこころに対峙《たいじ》して、語りあおうよ。

今日一日の楽しみ方

孤独死は気の毒なんてよくいわれますが、そんなの恐れることはないんです。どっちみち人はひとりで生まれ、ひとりで死ぬわけです。過去も未来もありません。あるのは現在だけ。極端なことを言えば今日一日しかない。これをどう生き生きと楽しく生きるかが大事なんです。そう思うとワクワクしてきますよ。

仲代《なかだい》達矢《たつや》

類することばは数多いが、１９３２年に生まれ、舞台「幽霊」のオスワル役でデビュー以来、精力的な活躍を続けている日本を代表する名優、仲代に言われると、納得だ（「人生の達人に聞く生き方の流儀」ゆうゆう　２０１８年５月号増刊）。

いつも私は思うのだが、物事は、はっきりと、場合によってはデフォルメして表現しないと何が何だかわからなくなる。

かもしれないとか、時にはとか、例外もあるなどと言っては、せっかくの焦点がぼやけてくる。

だから彼のことばの、「極端なことを言えば……」のくだりがいい。

そうなんだ！　この1秒、1分、1時間、そしてこの1日をどう過ごすか、つかうかなのだ！

そんなこと、当たり前じゃん！　という方に、仲代の名をきちんと告げてから、ゆっくりとこのことばを紹介すると、ほとんどのクライエントは静かにうなずく。

第2章

レジェンドがかける魔法

しわのある顔が好き

たしかに私の顔に
しわも増えました。
ただ、それは
私が多くの愛を知った
ということなのです。
だから私は
今の顔の方が好きです。

オードリー・ヘプバーン

老化を恐れ、ましてや病気で生命が脅《おびや》かされることなどまっぴらだ！

今の幸福を、健康をあくまで維持したいという方は、心気神経症（明らかな病気が否定されているにもかかわらず、あくまで自分には重大な病《やまい》が潜んでいると主張し、ときにはドクターショッピングを繰り返す）のかたちでクリニックを訪れる。

肌のしわやしみは、生きてきた勲章だ！という言い方もよくされるが、とくに老化に関しては、オードリーのこのことばが素敵だ（『必ず出会える！人生を変える言葉2000』西東社編集部編　西東社）。

「ローマの休日」や「ティファニーで朝食を」などであまりにも有名な、イギリス人でアメリカで活躍した大女優のことばだから、大迫力！

納得される女性は多い。

復活のガッツポーズ

他人の期待に耳を傾けないことだ。
あなたはあなた自身の人生を生き、
自分自身の期待に応えるべきである。

タイガー・ウッズ

2019年のマスターズで、2005年大会以来14年ぶり5度目の優勝を果たして大復活をしたアメリカのプロゴルファー、タイガー・ウッズの名言だ（『人生はワンチャンス！――「仕事」も「遊び」も楽しくなる65の方法』水野《みずの》敬也《けいや》・長沼直樹《ながぬまなおき》　文響社）。

かずかずのスランプやスキャンダルをへて見事に返り咲いた。あの勝利の瞬間のガッツポーズは鮮明に脳裏に焼きついている。

極論すれば、クリニックにやってくる方がたの多くは、他人の目にとらわれている。

自己を確立途中の青年期のみならず中年や高齢者でも然《しか》り。

もっともっと自分の内面を深く見つめよう。

そして、自分に期待するんだ。

やれるよ！　やろうよ！　挑戦しようよ！　挑戦してみようよ！

自己に真剣に対峙《たいじ》すると、不思議なことに他人が視野から遠ざかり、フェイドアウトしていく。

そのあとに自分の真の目的や目標がクリアーに見えてくるかもしれない。

そういうこころの過程を力強くサポートしてくれるのが、この名言である。

あのタイガー・ウッズがねえ、と賛同を得られることが多い。

それにしても、つくづく思う。復活して本当に、本当によかったってね。

不幸をつくらない法則

「子どもを不幸にする　いちばん確実な方法は、　いつでも何でも手に入るように　してやることです」

ジャン＝ジャック・ルソー

これは、ルソーが『エミール』の中で語っていることばだ（保坂隆《ほさかたかし》『精神科医が教えるお金をかけない「老後の楽しみ方」』ＰＨＰ文庫）

類するものに、「根性、執念、努力、思考力、貧しい生活の中でしか学べない生活の智恵がある。これは財産。苦あれば楽あり――これも正負の法則です」（美輪明宏《みわあきひろ》『花言葉』ＰＡＲＣＯ出版）がある。

「もっともっと貧しい家に生まれたら、やる気を出して、大人物になれたのに」と嘆いた大富豪の子どもたちは少なくないという。

非常に示唆《しさ》に富む名言である。

自身の不遇さを嘆くばかりの方たちに、話してみたことがある。わかっていますけど実際はむずかしくて、とおっしゃる人も多いが、「あのフランスの著名な哲学者ジャン＝ジャック・ルソーが言い、これまで世界の名言として受け継がれてきたんだよ！」と話すと、クライエントの目の色が確かに変わる。

子どもだけじゃなくて、人間全般に通用する本当に貴重で、勇気をいただくことばだ。中学時代から、私が常に意識し支えられた、そして私の子どもとの接し方でもとても影響されたフレーズである。

このことばのおかげで、私の過保護と過干渉に陥《おちい》りがちな傾向にブレーキがかかったと、今しみじみ思う。

生きるエネルギーに転換

いつかは死ぬのだから

フリードリヒ・ニーチェ

こころに滲《し》みることばだ！　そのあとのことばたちがまたいい！　ジンとくる！

「死ぬのは決まっているのだから、ほがらかにやっていこう。

いつかは終わるのだから、全力で向かっていこう。

時間は限られているのだから、チャンスはいつも今だ。

嘆きわめくことなんか、オペラの役者にまかせておけ」

24歳でスイス・バーゼル大学の古典文献学の員外教授になり、『ツァラトゥストラはかく語りき』や『人間的な、あまりに人間的な』などの代表作で知られるドイツの哲学者ニーチェの至言《しげん》である（『超訳 ニーチェの言葉』白取春彦《しらとりはるひこ》編訳 ディスカヴァー・トゥエンティワン）。

私の大好きな金言で、やっぱりニーチェはすごいなあと、唸《うな》ってしまう。

避けられない「死」だけど、いやだからこそ、それを逆手にとって、生きるエネルギーに変えていく。

そして、こころでつぶやくと、なんだか冷静になる……肝《きも》がすわってくるというか、生きる覚悟ができてくる。

このことばは、やはり中高年の方に評判がいい。

若者には、死はあまりにも遠くて、ピンとこないからかもしれない。

ちなみにイギリスの著名な批評家、随想作家で、『ハズリット箴言集《しんげんしゅう》――人さまざま』

の代表作で知られるウィリアム・ハズリットの名言に次のようなものがある。
「青年は、すべて彼がいつかは死ぬだろうということを信じない」（『新版 ことわざ・名言事典』創元社編集部編　創元社）

頑張りの素

「辛いことをひとつ終わらせれば、次はもっとやりやすくなる」

ヘレン・ケラー

1歳で光と音を失い、7歳までことばというものを知らなかった三重苦のヘレン・ケラーがサリバン先生の愛に導かれ、前向きな性格と驚異的な努力により、19歳で名門ラドクリフ・カレッジ（ハーバード大学の女子部）に合格。その過程を綴《つづ》った若き日の自伝の中のことばである（『奇跡の人ヘレン・ケラー自伝』小倉慶郎《おぐらよしろう》訳　新潮文庫）。

詳しく言うと、厳しく苦しい大学の勉強について、親友の妻ハットン婦人が教えてくれたものだという。

つらいことのあとには、喜びや楽しみが待っているばかりではなく、次の展開もスムーズになるという。さらに積極的、ポジティブになれる金言である。

「ヘレン・ケラーはこのことばを頼りにして頑張ったんだから！」なんて話すと、「勇気をもらえました！」とおっしゃる方が多い。

ちなみにこの本のラストに、彼女の役を舞台で何度も演じた女優大竹《おおたけ》しのぶが、「信じること、私にできるのはそれだけ」と題し、小文を記し、彼女をいつも励ましてくれるヘレン・ケラーのことばを挙げている。

「続けること、ただ信じ続けること――

私にできるのはそれだけです。

ヘレンの内なるものが、内なるヘレンが

待ってるんだって――」

私は運命の喉首を締め上げてやるのだ。
決して運命に圧倒されないぞ！
この人生を千倍も生きたなら、
どんなに素敵だろう！

ルートヴィヒ・ヴァン・ベートーヴェン

ソフトで、温《あたた》かく、癒《いや》しのことばかい！　ふん、バカ言ってんじゃないよ！　ガツンと行くよ、いや行きたいんだ。なんて日、あるよね！　そんなとき、私は、このことばを呟《つぶや》く（https://iyashitour.com/archives/28892）。

そうすると、不思議に全身に力がわいてくる。ご存じ、音楽史上最も偉大な作曲家のひとりであり「楽聖」と称されるドイツのベートーヴェンの名言だ。

運命がいい！　喉首がいい！　締め上げがいい！

運命をねじ伏せるんだという、彼の意気込みに圧倒される。

やってやろうじゃないかっていう思いが沸々《ふつふつ》とわいてくる、勇気をいただくことばだ。

生活の困窮、母の死、アルコール依存症の父、そして自らの難聴と26歳で中途失聴者、晩年の約10年はほぼ聴力を失ったことなど……。苛酷な運命とともに生きてきたベートーヴェンゆえのことばであろう。

彼の勇気とたゆまぬ努力に敬意を表しながら、ありがたくつかわせていただいている。うつや神経症的葛藤《かっとう》に一区切りつき、治療終結が近い人たちの中に、「でも、親族がうつだから再発するんですよね」などと悲観的になる方もおられるが、そんなとき、このことばをベートーヴェンの名を添えてガツンと言ってみる。

たいていの人は、彼の名に圧倒され、「私も、やってみます」と返してくる。

日常があるから非日常が輝く

毎日が休日だったら、
遊びも仕事と同じように退屈なものに
なるだろう。

ウィリアム・シェイクスピア

うつで休養に入るときは、診断書を書く。まず「3ヵ月の安静加療を要します」などが多い。

真面目なクライエントは3ヵ月という長期間に驚くが、「必ず3ヵ月休まなければいけないという意味ではなく、1ヵ月半でよくなったら、もう働けますよって、診断書を書きますから安心してください」と言うと安堵《あんど》の表情となる。

働き方改革が喧伝《けんでん》されて久しいが、まあ現状はこんなもんだ。

それはともかく、うつが癒《い》えてくると、「もう働きます」と言うようになる。

3ヵ月どころか更新して半年、1年休んだ方、それだけ休めるのだから、公務員、教員そして一部上場の大企業にお勤めのエリートビジネスマンだが、理由を問うと、きまってこう言う。

「だって、どうやって休んだらいいかわからなくなってきましたし、休んでても、つまんないから、ここはひとつ働いてみようかと」

もちろん完全にいい状態だが、元の職場に復帰することを考えると、症状が出てくる式の人の場合は、「改善しており就労可能である。尚、再発防止のためには、配置転換が望ましい」旨の診断書を書く。

そしてこのことばである（『人生はワンチャンス！――「仕事」も「遊び」も楽しくなる65

の方法』水野敬也・長沼直樹　文響社）。要するに、人間は非日常を求めるのだ。仕事に超多忙なときは、南国のリゾートに憧《あこが》れ、行きたいと熱望する。

そうかといって、風光明媚《ふうこうめいび》な田舎のリゾートに住んじゃえば、大都会の喧騒《けんそう》がたまらなく恋しくなる。

それを、卓越した人間観察眼で優《すぐ》れた心理描写を得意とする最も高名なイギリス文学の作家シェイクスピアは、見事にわかりやすい表現で喝破《かっぱ》している。

うつから生還した思慮深い会社員が「日常があるからこそ、たまの非日常が輝く！　そのバランスをどうとるかこそが、人生を豊かに実りあるものにするために、じっくり考えなければならないことなんだと実感しました。先生がはじめにおっしゃったように、精神科では苦しみ損はないんですね。勉強になりました」と生気溢《あふ》れる表情で語ってくれたのが、忘れられない。

置かれた場所で最善を！

人は、人生が公平ではないことを悟れるくらいに成長しなくてはならない。そしてただ、自分の置かれた状況のなかで最善をつくすべきだ。

スティーヴン・ウィリアム・ホーキング

2018年3月14日に逝去した、イギリスの高名な理論物理学者ホーキングのことばである（『必ず出会える！人生を変える言葉2000』西東社編集部編　西東社）。

彼は学生のころ、筋萎縮性側索硬化症《きんいしゅくせいそくさくこうかしょう》（ALS）を発症して車椅子生活を余儀なくされ、「車椅子の天才科学者」とも呼ばれる。

不公平だって声高に語る方がいる。

どこから見ても公平なんてあり得ない。人間のからだを取り巻く環境、さまざまで、でこぼこで多面体だ！

今、ここで、最善を尽くしていく、それしかない！

そうしていくと、成功や幸運の扉《とびら》がオープンするかもしれない。

ブーブー言っている方も、「あのホーキングがこう言っているよ!」って話すと、一呼吸置いて、確かに大きくうなずく。

愛を継続させる秘訣

愛は手の中の水銀みたいなもの。手を開いていればそこに留まっているし、手を握ったらこぼれ落ちてしまう。

ドロシー・パーカー

これは、とくに私が大好きなことばで、愛する人との関わり方について、本質的なことが込められている（ロバート・ハリス『アフォリズム 525の格言集』サンクチュアリ出版）。

ドロシー・パーカーはアメリカの女流作家で劇作家、詩人で「ヴァニティ・フェア」や「ニューヨーカー」の誌面を長きにわたって飾った。

彼女のことばからは、愛を継続させる秘訣は、ただやさしく寄り添い、その余韻を静かに楽しみ味わうということか！

もっと、さらにと求めていくと愛は消えてしまうものなのか？

含蓄《がんちく》のあることばである。とくに愛を水銀にたとえ、得難さとはかなさを見事に表現している。

日本語の語感もよく、診察室で愛をテーマに悩んでいる方によく話す。

しゃれたシャツ効果

人はその制服どおりの人間になる。

ナポレオン・ボナパルト

フランスの軍人、政治家、フランス第一帝政の皇帝であまりにも有名なナポレオンはかずかずの名言を残している。

力強く攻めの趣《おもむき》のことばが多い中、私は、シックなこの金言が大好きだ（『人生の指針が見つかる「座右の銘」1300』別冊宝島編集部編　宝島社）。

類するものに、「外相《がいそう》整いて、内相自ら熟す」（吉田兼好《よしだけんこう》『徒然草《つれづれぐさ》』）があり、見てくれやおこないが整うと、それにともなって内面も自然に成熟していく、ということを言っている。

うつで、回復期にあるが、まださっぱりしませんという方に、しゃれたカラフルなシャツを着てみると、こころが軽くなるかもしれませんよなどと言ってみる。

よれよれで、くすんだダークグレイのシャツじゃ、こころもブルーだろう。

逆に、こころに情熱の嵐があり活気づいているときは、どんな服装でも輝いて見える。だって、瞳がきらきら輝いているから。

ナポレオンの名言は、私たちを勇気づける。なりたい、憧《あこが》れの気持ちを表している服装にすれば、そう、なれるというのだから。

ナポレオンの名言をいくつか挙げよう（https://iyashitour.com/archives/21287）。

「欲しいものは何でも私に言うがいい。ただし時間以外だ」

「人は彼の妻、彼の家族、それに彼の部下に対する行為で判断される」

「勝利は、もっとも忍耐強い人にもたらされる」

失敗、バンザイ！

若い頃、私は10回に9回は失敗することに気がついた。だから、10倍働いた。

バーナード・ショー

『やもめの家』でデビューしたが、長い下積み生活を経験し『ピグマリオン』などの代表作で知られ94歳で没した、アイルランドの高名なノーベル文学賞受賞の劇作家バーナード・ショーの名言である。

おそらく、不遇の時代を支えつづけたことばなのだろう。

シンプルで、明快！　私の大好きなことばのひとつだ。

失敗の先にこそ、成功がある、失敗ひとつしたら、成功に一歩近づいた式の名言も数多い。まだまだ生きるエネルギーにあふれ、たくましさを秘めた方がたに語ることの多い金言である。

さまざまな分野の執筆で活躍がめざましいフリーライター、編集者の大山《おおやま》くまおは、『名言力——人生を変えるためのすごい言葉』（ソフトバンク新書）でこのことばの次に、民間企業で働き、博士号を持たない史上2人目のノーベル化学賞受賞者、田《た》中《なか》耕《こう》一《いち》の名言を挙げている。

「失敗からは必ず新たな発見がある。
最近は、失敗するのが楽しみになってきました」
失敗、バンザイ！

苦しみのない幸せはない

**人生において、もっとも堪えがたいことは、
世の経験を積んだ多くのひとびとの言によると、
悪天候がつづくことではなく、
雲一つない日がつづくことなのである。**

カール・ヒルティ

ヒルティはスイスの下院議員を務め、法学者、哲学者として知られる。私の若いころは、ヒルティといえば『眠られぬ夜のために』が最も有名な著作で、難解なるがゆえに、これを読めばすぐ眠気を生じ、ぐっすり眠れる式のジョークが定番だった。

それはさておき、世界的な哲学者のこのことばには含蓄《がんちく》がある。

ヒルティの『幸福論』について、〝話題の達人倶楽部〟の解説（『明日が変わる 座右の言葉全書』青春出版社）にはこう記されている。

「『若いときの苦労は買ってでもしろ』というのは、日本独特の言い回しだが、哲学者のヒルティによれば、やはり人生において苦しみを知ることは重要なことのようだ。苦労を知らないで生涯を終えるのはうらやましいような気もするが、それでは真の幸福は手に入らない。悪天候の翌日の空がもっともきれいなことを知らないのは不幸だということだ」

幸福になることのむずかしさ、奥深さをつくづく痛感させられる。

苦しみのあとの歓喜、努力の末の成功、不運続きの先の勝利などなど。だから極上《ごくじょう》の幸せを限りなく求めて、私たちは努力しつづけるのだろう。

自分を変える練習

あなたが、ほかの人々に求める変化を自分で行いなさい

マハトマ・ガンジー

親がこうあってほしい、いや妻が、夫が、職場の上司がと……今日もまた、さまざまな人たちがクリニックを訪れる。そんな方がたを一喝《いっかつ》するかのような名言がこれである。

ご存じガンジーはインド独立の父。1937年から1948年にかけて5回ノーベル平和賞候補になったことでも知られる。

直球勝負だ！　小気味いいほどね！

それはわかっているけど、そんなにうまくできないよって言う方は多いけど、そう意識するだけで、相手へ向けられていた関心や不満、要求が消えていく。そして自分へ興味が向いていく。自分をよりよく変えていくことに関心が高まっていく。

最近ガンジーのこのことばを、日常生活のさまざまなシーンに想起する練習をしている。たまに、うまくいくことがある（『明日が変わる 座右の言葉全書』 話題の達人倶楽部編　青

春出版社)。

多くの場合はダメだけど、そのときは、想起して頑張った自分を大げさくらいに、ほめることにしている。

未知との遭遇

よく「宇宙人いますか?」って聞かれるんですけど、必ず「いますよ」って言うんです。

本間希樹《ほんままれき》

私の家で取ってる雑誌は週刊朝日である。これは結婚以来だからもう、37年目に突入している。医学部合格ランキングに詳しいから読売ウイークリーを取ってた時期もあるが、残念ながら2008年に休刊してしまった。膨大《ぼうだい》で詳細な大学合格者情報を見ながら、これには相当な取材費がかかってるなと思っていた矢先の休刊である。

それはともかく、週刊朝日連載の「マリコのゲストコレクション」だ。なんと971回目！　すごいなあ、何がって！　２０１８年紫綬褒章《しじゅほうしょう》を受章した日本を代表する小説家、エッセイストの林真理子《はやしまりこ》さんはすでに９７１人の著名人と会って、話して、笑って、しかもプライベートの約束をしたかもしれないんだ。

ため息が出る。この私は何人の有名人、偉人と生涯で会えるのだろうか？

いや、私は数限りないクライエントと会えてまた明日からも会うのだから、いいんだ！

それが楽しみだもの。最後にきれいな微笑みが見られるんだから……。

そしてこのことばである（「マリコのゲストコレクション ９７１」週刊朝日 ２０１９年７月12日号）。

テキサス州生まれで東京大学大学院修了後、巨大ブラックホールの研究に従事、２０１９年４月、所属する国際研究チームがブラックホール撮影に成功したことを発表し、世界中の注目を集めた国立天文台水沢ＶＬＢＩ観測所所長の本間は、「宇宙人はいる！」と言い切る。

彼は「もちろん見たことはないですし、いきなりＵＦＯが飛んできて宇宙人と会うとは思わないですけど、大きい電波望遠鏡の数をたくさん増やしていくと、近くの星に地球みたいな文明があって、そこでやってるテレビを地球でも見られるという時代が、あと何十年かするとくるという試算があるんです」と言う。

夢の話ではない！　世界中の天文学者の共通認識らしい。それが証拠に、林は「このあいだテレビで見たんですけど、『宇宙人に何かを聞かれても答えないでください』という注意書きが各国に出ているっていうんです。誰かが代表して答えることになっているので、うかつに返事しちゃいけないって」と応酬し、本間も「万が一そういうことがあったら、しかるべきところに連絡するようにということで、日本は国立天文台に連絡することになってるんです。……ま、今すぐコンタクトがあるわけじゃないんで、大丈夫ですけどね」と言う。

おもしろいねっていうか、まだまだ自分が知らないこと、知らなかった世界がいっぱいいっぱいあるんだなあとあらためて実感した。

そうだ！　このことばを、明日、クライエントに振ってみようかなんて考えながら、お決まりのウイスキーのハイボールをつくるべく、グラスと氷を取りにいく。

それにしてもラポール（相互信頼）が強まりそうないいことばを収穫した日曜日だった。

なにごともつきつめすぎない

我々は、他の人たちと同じようになろうとして、自分自身の４分の３を喪失してしまう。

アルトゥル・ショーペンハウアー

ＡＤＨＤ（注意欠陥多動性障害）などの発達障害は市民権を得て久しい。

クリニックにも多くの「発達障害かどうか調べてください」という方がいらっしゃる。かならず、両親や兄弟に幼稚園、小学校低学年のころのことを尋《たず》ねて、問題がなかったら大丈夫ですよ、と答えるようにしているが、問題があった、いや親はいい子だったと言ってくれるが、徹底的に調べてほしいという方もおられる。

そんなときは、残念ながら私は小児精神医学の専門的教育を受けていないから、筑波《つくば》研究学園都市におられる発達障害研究のエキスパートに紹介状を書くことにしている。

アンケート式の質問票をサイトで調べて、点数が該当するから発達障害だ！式の人もたくさんやってくる。もちろん正式に診断された方には、今は優《すぐ》れた薬物療法もあるから服用することを勧めるが、そこまでいかない発達障害傾向どまりのクライエントに、このことばを紹介することがある。

同じようにする努力でかえって、自分の色、特性、魅力を失ってしまうこともありますよ、って。

ご存じ！『意志と表象としての世界』をはじめ、キラ星のような名著で知られるドイツの哲学者ショーペンハウアーのことばである（『人生はワンチャンス！──「仕事」も「遊び」も楽しくなる65の方法』水野敬也・長沼直樹　文響社）。

納得されるクライエントもいるが、やはり付き添ってきたご両親のほうが肯首《こうしゅ》されることが多い。

古典のすすめ

巨人の肩に乗っているから、遠くを見ることができる。

ベルナール・ド・シャルトル

このことばを知ったのは、いや正確にはその意味をと言うべきかもしれないが、ライフネット生命保険株式会社の創業者で立命館アジア太平洋大学学長の出口治明《でぐちはるあき》の著書『人生の教養が身につく名言集』（三笠書房）の中である。

ロバート・ハリスの『アフォリズム――525の格言葉』（サンクチュアリ出版）で開眼し、『人生の教養が身につく名言集』で一気に金言についての理解や洞察に加速がついた。両書にこころから感謝したい。

そしてこのことばである。古代ギリシャの哲学者プラトンの思想を研究、発展させたことで知られるフランスのネオプラトニズム哲学者のベルナールは、私たちをたいそう勇気づける名言を残している。

出口は「古典やその著者たちを『巨人』にたとえ、今を生きる自分たちは、その巨人の肩に乗ることで、巨人たちよりも多くのもの、より遠くのものを見ることができるのだと述べたのが、この言葉です」と言う。

乗っていいんだ！　いや、乗るべきなんだ！

頭でっかちで内向的、しかし読書マニアの私や神経症傾向の文学好きの方がた、もっともっと、古典を読みましょう！

しかし先日、有名進学校の哲学者志望の生徒さんがクライエントとして来られてひとしきり話した。西田哲学（哲学者西田幾太郎《にしだきたろう》の思想体系）にまで及ぶ長い議論になり、65歳の私の知識量をはるかに凌駕《りょうが》している彼の読書遍歴に啞然《あぜん》とした。

読書離れとはいえ、いるところにはいるもんだと驚きつつも、とってもうれしかった。

彼に、このことばを披露してみたが、当然知ってましたね。

興味は後からついてくる

興味があるからやるというよりは、やるから興味ができる場合がどうも多いようである。

寺《てら》田《だ》寅彦《とらひこ》

この高名な物理学者、随筆家、俳人のことばは心強い！（エッセイ「写生紀行」から）

あの寺田にして、これだ！

研究者は最も大好きなことだから、研究に寝食を忘れるほど打ちこむと考えがちだが、そうでもないときがあるらしい。

そんなときは、まずやってしまおう！　あまり気乗りしなくても、興味がいまひとつわかなくてもだ。

そうすると、不思議と興味がわいてくるかもしれない。寺田は、そのほうが〝多い〟かもしれないと言っている。

定年退職して、「仕事人間でしたから、なにも趣味がなくて、どうしたらいいんでしょう」などとお嘆きの方に言うことがある。

さすがに若い人に言うときは、寺田がいかに素晴らしい科学者だったかを添えないと、「寺田って誰ですか？」になってしまう。

良質な眠りの秘訣

疲労は最善の枕である。

ベンジャミン・フランクリン

睡眠にまつわる問題でクリニックに来られる方は実に多い。

寝つけない（入眠障害）、すぐ起きてしまう（中途覚醒、早朝覚醒）、ぐっすり寝た気がしない（熟眠障害）など……。

いずれにしても、障害とつけるには、日中激しい眠気に襲われて仕事や家事に支障をきたすことが前提となるため、まずその点についてお話をうかがう。

もちろんうつ病の症状としての、睡眠障害には、最近は依存性がない優《すぐ》れた睡眠導入剤があるから飲んでいただくが、そうではなく、良質な睡眠が目的化してしまって、本能である睡眠を意識して不眠となっている方も多い。

良質な睡眠は、もちろん結果である。何の？

その日を精いっぱい、懸命に生きた……。そのとき威力を発揮するのがこのことばだ
（『新版 ことわざ・名言事典』創元社編集部編 創元社）。

さすがに、18世紀アメリカの政治家、科学者、著述家でアメリカ独立宣言起草者のひとりでであるフランクリンのことばには、迫力がある。表現もしゃれてる。

睡眠衛生指導のとき、私がいつもお世話になっている、ありがたいことばで、重宝している。短文で、クライエントの受けもすこぶるいい。

不満を言う前に

己れの立てるところを深く掘れ。そこには必ず泉あらむ。

高山樗牛《たかやまちょぎゅう》

このことばを一日一回は、現状に不満タラタラのクライエントたちに話す（大山くまお『名言力――人生を変えるためのすごい言葉』ソフトバンク新書）。今の環境や状況でとにかく一生懸命やってみよう、すべてはそれからだ！と。

語り心地もよくてスラスラいく。

明治30年代の日本の言論界を先導した思想家、文芸評論家の高山の有名な金言だ。彼は私と同じ山形県出身だから、このことばはいつも身近にあり、大学浪人中にはとくに支えとなった。

まずは、目の前の課題や問題集を黙々とひとつずつ片づけようと……。

出典は諸説あるが、ニーチェ主義の彼自身みずからの全集に記しているように、ニーチェが原典と思われる。いずれにしても大人物で、余計に大迫力のことばだ。

ちなみに高山は肺結核により、31歳の若さで逝去している。

偏見を超えて

人は憎むことに時間を浪費している（You lose a lot of time, hating people.）

マリアン・アンダーソン

マリアン・アンダーソンは、大指揮者トスカニーニに「100年に1度の声を持つ逸材」と讃《たた》えられたアメリカの黒人クラシック歌手の先駆者で、20世紀中盤の人権的偏見を克服しようとする黒人アーティストの闘争において大きな存在であった。

人を憎むことには、なんの意義もなく、いや膨大《ぼうだい》なエネルギーの喪失だと言う（english.cheerup.jp/article/4775）。

その貴重な限りある力を、もっと愛したり憧《あこが》れたり、理想的な生活をするためにつかっていこう！

憤怒《ふんぬ》収まらないクライエントに、マリア・アンダーソンの名前とともに、このことばをささやくと、ハッと我に返る人も多い。

次の、とても味のある名言も彼女が残したものである。

「人を押さえつけている限り、あなたの中の一部もその相手を押さえ続けるためにそこに押さえ込まれざるを得ない。つまり、相手を押さえる手を緩めない限り、あなたは飛翔できないのだ」(https://sekihi.net/writers/4625)

幸せな時間をかみしめる

老人は一日をもって十日として日々に楽しむべし、常に日を愛惜して一日もあだに暮らすべからず。

貝原益軒《かいばらえきけん》

光陰矢の如し……。とくに波風なく順調なときは、時の経つのが早く感じられる。ましてや、老年期に入ると加速がつく。

いつだったか、年齢で、時間がどう感じられるかの数式を見かけたことがある（「ジャネーの法則」＝年齢に比例して感じる時間が短くなる）。

じゃあ、どうする？「時の経つのがとっても早いです」とおっしゃるクライエントには、「順調な証拠です！　だから今の幸せな瞬間瞬間をじっくり味わいかみしめてください！不幸や厄介な問題が起きると、時間の流れは滞《とどこお》り、時の経つのが遅く感じられますよ」って。

高齢の方には、さらに早く感じられることを強調し、あまりにも有名な教育書『養生訓』を著《あら》わした江戸時代の本草学者、儒学者の貝原のこのことばを紹介する（「養生訓第八巻」『新版ことわざ・名言事典』創元社編集部編　創元社）。

10倍を謳《うた》っているところが秀逸である。説得力がある。

大きくうなずき納得される方が多い。そして「この幸せな時間を、かみしめて生きてみます」とおっしゃる。

大統領からのメッセージ

世の中には、確かに、自分より恵まれている人は大勢います。しかし、自分より恵まれていない人も大勢いるのです。この事実のどちらに目を向けるか、それは、わたしたち次第なのです。

ウッドロウ・ウィルソン

このことばは、きわめて直接的で私の大好きなことばである。ウッドロウ・ウィルソンは第28代アメリカ合衆国大統領で、プリンストン大学総長も務めた。

やれ、不公平だ！　不満だ！　矛盾《むじゅん》している！　などとブーブー言う方に、このことばを投げかけてみる（motiv.top/word/woodrowwilson/）。

ハッと我に返る人がいる。うなずいて、すがすがしい表情になる人がいる。「今までの自分が恥《は》ずかしい！　また、コツコツ頑張る自分に戻ります」と言う方がいる。

一方を見つづければ、嫉妬《しっと》に苦しみ、みずからの無力さに苛《さいな》まれつづけるだろう。しかし、もう一方に目をやれば、今ある状況に感謝し、やさしい気持ちで人に接することができるだろう。
さあ、きみはどうする。どこを見るのかな。それもこれも、きみ次第だ！

ドストエフスキーへの人生相談

さあ、あなたの手を私に預けて、
ほら、心を落ち着けてごらんなさい。
失敗しない人なんているでしょうか？
何事も軋轢《あつれき》なくうまくいく人生なんて
価値があるでしょうか？

フョードル・ドストエフスキー

このことばは、クリニック待合室の本棚に常備している「サンデー毎日」のラストページにある五木寛之《いつきひろゆき》の連載から見つけた（「五木寛之のボケない名言」サンデー毎日　2019年9月1日号）。

「自ら編集・発行した個人誌『作家の日記』は、彼の作品以上に多くの読者から熱烈な支持を受けた。ドストエフスキーのところへは、ロシア全土から無数の読者からの手紙が届くようになる。……大学入試に失敗した若者や、結婚生活に疑問を抱く婦人や、さまざまな人生相談が彼のところへ殺到したのである。それに対してドストエフスキーは、こんなふうに返事を書く」

さっそく原典にあたったが、これがまた素晴らしい（『ドストエフスキー』ヴィリジル・タナズ著　神田順子《かんだじゅんこ》、ベリャコワ・エレーナ訳　祥伝社新書）。

タナズの本の帯には、「『カラマーゾフの兄弟』はいかにして生まれたか　処刑直前の恩赦、シベリア流刑、賭博、癲癇《てんかん》、女性問題、金策、伴侶、毀誉褒貶《きよほうへん》――作品以上に劇的なその生涯」とある。

波乱万丈の人生をかいくぐりながら生きてきた彼ゆえの、温《あたた》かく説得力があることばで、とても私は癒《いや》される。

彼がいかに妻や子どもたちを愛していたかのエピソードが興味深い。

仕事で単身赴任中に子どものフェージャが「パパが居ないとちっとも楽しくない」と手紙を書くと、ドストエフスキーは涙をこぼさんばかりだったと言うし、妻のアンナが「非常に魅惑的な夢」を送ると、次のように返したという。

「私はすっかり夢中になり、恍惚《こうこつ》に浸った。なぜなら私自身、夜に限らず昼間も私の女帝、私の女王のことを臆面《おくめん》もなく、物狂おしく考えているのだから。そういった方面のことだけだとは思わないでくれ、それは違う！　しかし、正直に告白するが、そのことについては焼けつくほどに考えている。君の手紙はいつもそっけないが、今度ばかりは非常に魅惑的な夢の話が君の唇から漏れた」

このことばに対するクライエントの反応はどうかって？

まだ仕入れたばかりだから、なんとも言えないけど、ひとりだけ、「待合室で読んだけどいいですね」って、診察中に話しかけてくれた女性がいた。

サポート力をつける

自分自身を助ける最高の方法は、
他人を助けること。
他人を助ける最高の方法は、
自分の仕事に専念することである。

エルバート・ハバード

エルバート・ハバードはアメリカで生まれ、19世紀後半から20世紀初頭にかけて活躍した世界を代表する啓蒙家、思想家のひとりである。彼が著《あら》わした『ガルシアへの手紙』（ハイブロー武蔵《むさし》訳　総合法令出版）は世界中で数千万部を売り上げ、大ベストセラーになったという。そしてこのことばである。これは、『簡単な人生――楽しく、らくに、単純に生きる』（薩摩《さつま》美知子《みちこ》訳　サンマーク出版）のカバーのソデに赤字で書いてある。

ちなみにこの本の帯には、次のように記されている。

「大切なことはひとつだけ。私たちは、幸せになるために生きている。1世紀を経て蘇《よみがえ》る『ガルシアへの手紙』の著者からのメッセージ。」

こころが苦しくなったら、自分のことをなんとかしようと考えるよりも、まわりのひと、すなわち家族、親族、夫、妻、恋人、友人を見よう。

なにかサポートできることがないかを考えよう。そうすることで、一旦自分から離れて冷静になり一呼吸、置けるんだ！

そして実際にサポートができれば、ささやかな達成感と先方からの感謝で、自分も温《あたた》かいこころになるだろう。

助ける力をつけるためには、一生懸命に働くことである。これに尽きるだろう。

ハバードは「人間は幸せになるためにつくられた。これは自明の事実だと思っている。この幸せは価値のある努力によってのみ手に入る。……この価値ある仕事というのは、自分自身の能力を最大限に発揮して適切な鍛練をすることだ。私たちは鍛練によってのみ成長する」と言う。

先が見えない、やる気が出ない、目標喪失で茫然自失などのクライエントには、必ずこのことばを話す。

「ちょっと、視点をずらしてまわりを見てみよう。そしてきみの持ち前の真面目さで、鍛練（努力）してみようよ。……そうすると、きっと、いいことあるさ！

だって、数千万部いや数千万人以上の悩める人たちから支持されつづけている、あのエルバート・ハバードが繰り返し言ってるんだから」なんて解説を添えてね。
そうすると、「やってみます！」と言ってにっこりされるクライエントは確かに多い。

視界不良になったとき

さきへ進めば進むほど
道がひらけてくるなんてのは、
神さまかわずかなたぐい稀な天才のほかには
ありませんな。

ドゥニ・ディドロ

精いっぱい努力する。しかし、やったから必ず結果が出て、さらに視界がよくなり、道がひらけてくるとは限らない。視界不良となり、途方に暮れることのほうが多い。
そんなとき、そっとささやくことばがこれである。フランスの高名な哲学者、美術評論家で、ジャン・ル・ロン・ダランベールとともに百科全書を編集した、いわゆる百科全書派の中心人物であるディドロの名言だ。

収められている『ラモーの甥《おい》』(本田喜代治《ほんだきよじ》・平岡昇《ひらおかのぼる》訳　岩波文庫)は、いわゆる対話体小説で、ラモーの甥という人物と「私」(ディドロ)との対話からなり、ラモーをはじめ、廷臣、金融家から文士にいたる人物たちの愚行が痛烈に批判される。

実在の人物への言及が多いため、ディドロの生前には刊行されなかったという。まあ、強烈な批判オンパレードで、とてもおもしろいのでご興味のある方はぜひお読みください。

「一生懸命、歩みつづけてきたけれど、さっぱりです」なんてお嘆きのクライエントや、なかば〝努力の天才〟である東北大学医学部教授の私の弟の活躍を目のあたりにして、ある種複雑な気分になったとき、私自身に、もうひとりの冷静で温《あたた》かい気持ちをもった私が、そっとささやくと、こころがなぐさめられる名言だ。

劣等感知らずに！

あなたの同意なしに誰もあなたに劣等感を抱かせることは出来ないのよ。

エレノア・ルーズベルト

ロバート・ハリスの『アフォリズム――525の格言集』（サンクチュアリ出版）との出会いで、私の名言フリークに火がつき、今日に至るので、彼と『アフォリズム』には本当に感謝している。

エレノアの存在もこの本ではじめて知った。

エレノア・ルーズベルトはアメリカ合衆国第32代大統領フランクリン・D・ルーズベルトの妻でファーストレディ。夫が亡くなったあとも作家、公民権運動の活動家として女性の地位向上、労働条件の向上などにも貢献した。

国連の代表になり、人権委員会の委員長として世界人権宣言の起草に着手し、1948年の国連総会で採択される。

この功績を讃《たた》えて、トルーマン大統領は彼女のことを〝世界のファーストレディ〟と呼んだ。そして、このことばである。

Sense of mastery（自己統御感）を彷彿《ほうふつ》させる力強い金言で私は大好きだ。

あの人、この人に劣等感？　家柄や家庭の経済状況に劣等感？

でも、あなたが最終的に認めた（同意した）んでしょ。あの人、この人や、経済状況があなたをいじめるためにやってきたわけじゃないでしょ。だから、逆、行けばいいのよ。状況や現実に明らかな差があっても、なにも劣等感に浸ることはないでしょ。そんな暇があるのなら、一歩を歩み出そうよ。

あなたが、同意しなければいい！　認めなければいい！

主体はあなた！　運転手はきみだ！

さあ、どうする！　決まってるよね、やってみましょう！

悩み、首うなだれて、延々と愚痴《ぐち》って自己憐憫《れんびん》に浸ってる方に、掛けあい的に語りつづけると、しだいにその方の表情が和《やわ》らぎ、瞳が輝いてくるのがわかる。

「きみは、きみの主人であり、きみ自身の運転手だ！　だから、すべてはきみの手中にあるんだ」は、診察室でよく言うことばだ。

自由の重み

自由がないところに真の友情はありえない

ウィリアム・ペン

友情を愛情と置き換えてもいいだろう。

私たちは、仲よしになると、相手のことをもっともっと知りたくなり、ひいては独占したくなる。

しかし、考えてみてほしい。人間における最高概念は自由だ！　自由を束縛するような考えや行為で、本当の友情や愛情は育つのだろうか？

答えは、否である。

あくまでも相手の自由は尊重して関係性を保っていこう。それで、自己の自由も担保されるのだから……。

ウィリアム・ペンは、イギリスの植民地だった現在のアメリカ合衆国にフィラデルフィア市を建設し、ペンシルベニア州を整備した。彼が示した民主主義重視は、アメリカ合衆国憲法に影響を与えた。

親子、夫婦、恋人、兄弟、友人など、さまざまな人間関係でちょっと行きづまったとき、「自由と束縛」の観点から見直してみるときの、よいきっかけを与えてくれる金言だ！

(www.dentougeinou.com/meigen.html)

読み心地もよく、クライエントにすこぶる評判がいいことばだ。

最も無益な2つの感情

人間の感情で最も無益な感情を二つ挙げれば、済んでしまったことへの自責の念とこれから行うことへの不安である。

ウエイン・W・ダイアー

ダイアーは、アブラハム・マズローの「自己実現」の心理学をさらに発展させた「個人」の生き方重視の意識革命を提唱している人物であり、新個人主義の旗手として世界的に評価されている。

この名言からは、「反省しても後悔せず」や「将来は不安と希望でできている」などのことばを彷彿《ほうふつ》させる（www.dentougeinou.com/meigen.html）。

自責ほど非生産的なものはない。それも過去については……。まず、その過去へ向かう時間とエネルギーがもったいないし、自責により自己評価が低下し、ひいては自尊心をもそこなう。

一方、これからの不安はどうだろう？　そりゃ、不安は必ず存在するのだから、そこを見ちゃえば、ますます不安に駆られるだろう。

でも、成功する可能性はもちろんあるのだから、そっちだけを見て行動すればいいのではないか。いや、そのほうが絶対お得だろう。

「あの高名なダイアーが『最も無益な感情』と挙げているのだから」とクライエントにそっとささやくと、とても説得力が出てくる。

ダイアーの名言は数限りなくあるが、もうひとつ、私が好きなものを挙げよう。

「人間である以上、問題の一つや二つあって当たり前と受け止め、問題の有無を幸福の基準としない人こそ、われわれが知るかぎり最も知的な人々である」（https://earth-quote.org/archives/4590）

第3章

悩み相談、プロのひとこと

最も深刻な自傷行為はリストカットでも過量服薬でもなく、つらいときに助けを求めないこと

松本俊彦《まつもととしひこ》

認定NPO法人地域精神保健福祉機構・コンボからのイベント案内状（2019年3月1日）にあることばだ。コンボ主催のわかりやすいメンタルヘルス講座、こんぼ亭月例会は今回の案内で57回を数える。いつもクリニックにファクスで案内状が届く。今回は「もしも『死にたい』と言われたら…」である。

今をときめく国立精神・神経医療研究センター精神保健研究所 薬物依存研究部の部長、松本俊彦が今回の講師で、彼のことばがこれである。

リストカットや過量服薬はメンタルクリニックの臨床《りんしょう》場面では日常茶飯事で、よく遭遇する。アピールの意味を含めても、これらの行為は、つらい、苦しい精神状態の非言語的表現である。それらが契機となり、私たちとの接点ができ、これから治療同盟を結び、進

愛読者カード

ご購読ありがとうございました。今後の参考とさせていただきますので、ご協力をお願いいたします。また、新刊案内等をお送りさせていただくことがあります。

【1】本のタイトルをお書きください。

【2】この本を何でお知りになりましたか。

1.書店で実物を見て　2.新聞広告（　　　新聞）
3.書評で（　　　）　4.図書館・図書室で　5.人にすすめられて
6.インターネット　7.その他（　　　）

【3】お買い求めになった理由をお聞かせください。

1.タイトルにひかれて　2.テーマやジャンルに興味があるので
3.著者が好きだから　4.カバーデザインがよかったから
5.その他（　　　）

【4】お買い求めの店名を教えてください。

【5】本書についてのご意見、ご感想をお聞かせください。

●ご記入のご感想を、広告等、本のPRに使わせていただいてもよろしいですか。
□に✓をご記入ください。　□ 実名で可　□ 匿名で可　□ 不可

郵 便 は が き

切手をお貼りください。

102-0071

東京都千代田区富士見
一―二―十一
KAWADAフラッツ一階

さくら舎 行

住 所	〒 都道府県			
フリガナ		年齢	歳	
氏 名		性別	男 女	
TEL	( )			
E-Mail				

さくら舎ウェブサイト www.sakurasha.com

んでいく。そう考えると彼が言うように、助けを求めない人たちが最も深刻なんだ。松本のことばとともに「声をあげていいよ！　HELP　MEって言っていいよ！　親にもぐだぐだ言っていいんだよ！」と、ことに思春期の何も語らぬ若者たちに、診察室でよく投げかけてみる。

無償の愛のかたち

無償の愛って、無償だとか有償だとか、
そんなことを考えることもなく、ただそこにある
現実を穏やかに受け入れることのように思うのよ。
誰かの為に生きるって、何かをしてあげることではなくて、
ずっと共にあるってことのように思えてならないわ。

マツコ・デラックス

雑誌編集者を経てコラムニストというか、いまやマルチタレントとしてテレビで見ない日はないくらいの、マツコの無償の愛についてのことばである（「うさぎとマツコの往復書簡」サンデー毎日　２０１３年３月24日号）。

マツコは、自分の母親は、「40年間で口うるさく言っていたのが、子供の健康を気遣って発した言葉だけって、我ながら本当に立派な母だと思う。何も期待しない、でも、決して諦めている訳じゃない。これって、無償の愛のかたちの一つだって言えるわよね」と言う。

子どもと親、夫婦、兄弟姉妹、師弟、さまざまな人間関係において、無償の愛について悩まれ、クリニックへ来られる方は多い。無償の愛が貫《つらぬ》けないと悩み、自らを責めて涙するクライエントに、そっと寄り添い、受け入れるだけでいいんだよと、マツコのことばとともに、語りかける。

どこにも気が合わない人は2割はいる

世間でよく言われるのが「2・6・2」の法則です。どんなチームや組織に入っても、2割の人と気が合い、6割の人とは普通、残り2割は好きではない、というものです。

出口《でぐち》治明《はるあき》

79ページにも登場いただいた出口は、日本の実業家である。ライフネット生命保険株式会社創業者で、立命館アジア太平洋大学学長。最近、読売新聞の「人生案内」の回答者になったが、私は実業家らしくシンプルでわかりやすい回答が大好きだ。

「悪口ばかりの同僚に嫌悪感」という30代女性会社員の悩みに対する答えがこれである（読売新聞　2019年4月18日）。これに類することで適応障害を発症してクリニックに来られる方は多く、ほぼ毎日である。

2・6・2割などと数字をあげてあるから、頭にスーッと入ってくる。ストンと落ちる。

「つまり、どんな職場にも気が合わず、話したくもない人が一定割合いるのです。考えてみたら、みんな気の合う人だったり、同じ方向を向いていたりしたら、かえって気味が悪いと思いませんか」

そうか、そうなんだ！　と安堵《あんど》して瞳を輝かせて、薬もなしで帰っていくクライエントも多い。

脳は心配性

人間の脳は、主に生存にかかわる問題を解決するために使われるので、世界は怖いものだと思い込みがちである。

ポール・ピアソール

マーシー・シャイモフの『「脳にいいこと」だけをやりなさい！』（茂木《もぎ》健一郎《けんいちろう》訳　三笠書房）とともにベストセラーになった『もっと「脳にいいこと」だけをやりなさい！　確

実に自分を変えていく法』（茂木健一郎訳　知的生きかた文庫）には、「メタ認知」の重要性を含めて参考になることが満載である。

著者のシャイモフは、ＵＣＬＡで経営学修士号（ＭＢＡ）を取得。自己啓発セミナーを数々主催するカリスマコーチ。一流企業や大学機関で講演をおこない、何百人という人々の人間的成長を実現させてきた。彼女の著作は31の言語に翻訳され、累計１４００万部を売り上げているという。

なかでも、その中に引用されているこのことばには、ほっとさせられる。心配性で悲観的な思考に支配されがちなクライエントによく話す。

「心理学者のポール・ピアソールはその著書『心臓の暗号』（藤井《ふじい》留美《るみ》訳　角川書店）の中で、脳は生まれながらにして『先天性ネガティブ・バイアス』（訳注：頭の中で物事の印象がつくられるときに、ポジティブな情報よりネガティブな情報のほうが重視されやすいこと）をもっているため、世界はやさしいと信じるのは難しいかもしれないといっています」

そして「一方、人間の『心』はいたるところに美やつながりや、愛を見ます」と言っている。

だからいいんだ！　脳の機能が優《すぐ》れているから、自動思考が悲観的になるんだとも考えられる。

そういうわけなので、メタ認知や認知行動療法を学ぼう。そうすれば、「ピアソール博士は、脳の一時停止ボタンを押して、代わりに『心』に答えさせたなら、もっと『世界は友好的だ』と感じられるだろうといっています」。

ひとりで自信がなければ、優秀な臨床《りんしょう》心理士や公認心理師をおつけしますよ。

ルサンチマンを発動させるな

自分の立場が不利になると相手が悪く思える

竹田青嗣《たけだせいじ》

哲学はとにかくむずかしい、まず、用語からして難解だ。ぽつぽつと、興味ある哲学者の入門書などをかじったりしていたが、50歳過ぎてこの竹田の『愚《おろ》か者の哲学——愛せない場合は通り過ぎよ！』（主婦の友社）にめぐりあえて、なんとかその全容とまではいかないが、輪郭はつかめたような感じがした。

もっともっと早くこの本に出合いたかった。

これは、哲学者でフッサール現象学を基礎にして欲望論哲学を構想している（といっても、まったく内容は私にはわからないが）、早稲田大学国際教養学部教授の竹田のことばである。

彼は「人は、自分が不利な立場にあると感じると、互いのルール感覚がズレておりかつ相手が有利な立場にいる、とは考えずに、まず相手が間違っている、不当である、理不尽であると考えたくなるのです。この考えは、自分の立場のつらさ、悔しさを、弱い立場にある自分が『正しく』、強い立場にある相手が『悪い』存在なのだ、という形に作り替えてくれる便利な魔術です」と言い、『死に至る病《やまい》』で世界的に高名なデンマークの哲学者キェルケゴールが想定した概念ルサンチマン（強者に対して仕返しを欲して鬱結《うっけつ》した弱者の心）をつかいこう説明している。

「ルサンチマンは、自分が不利な立場、弱い立場に陥ったときに発動します。それはそういう立場の自分の苦痛や屈辱《くつじょく》や惨《みじ》めさを、不当なものへの怒り（あるときは義憤）に変え、そのことで『自我』を支えてくれるからです」と言う。

さらに、「一切の悪はルサンチマンから生じる」とも竹田は言う。

上司との人間関係がぎくしゃくしてくると、その上司の言うことが不合理だと感じ、怒りや恨みの心情がわいてくることがある。そんなとき「ルサンチマン」をつかっていないか、処方していないか、自問自答してみることを、クライエントに勧めることがある。

こころあたりのある方には、すかさず本の副題にもある、ニーチェの『ツァラトゥストラはかく語りき』（竹山道雄《たけやまみちお》訳　新潮文庫）からの金言を紹介する。

「愛せない場合には、通り過ぎよ」

かかわるな！　介入するな！　放っとけ！

今、哲学好きの方は、めったにいないけどね。

すぐそばにあるかもしれない別れや死

これから先もずっといっしょに
いられるとおもっていたから、
お前たちといっしょにいる時間のたいせつさに
気がつかなかったんだ。

山崎章郎《やまざきふみお》

敷地内同居で親と一緒に住んでいる方は地方でとくに多いが、そこでまた問題が生じる。「ずーっと一緒なんです。なんだかいつも見張られてるみたい」と嫁が言えば、「夜遅く帰ってくるもんだから、エンジンの音で、ようやく寝ついたのが、起こされちゃって、それから寝つけないんです」と姑が応酬する。

いずれも、昨日も今日もそして明日も一緒だし、またまた車で帰ってくるんだという思いがある。

そんなとき、『病院で死ぬということ』（主婦の友社）で日本エッセイストクラブ賞を受賞し、ホスピスや在宅診療専門診療所での勤務経験が豊富な医師、山崎のことばを語りかける（www.dentougeinou.com/meigen.html）。

このことばとは趣《おもむき》をやや異《こと》にするが、私が学生のときの帰省が鮮やかに思い出される。大学の夏休み、海外旅行など夢のまた夢の時代だったから、ずっと実家にいることになる。1ヵ月以上も……。帰った当日は、最高潮で父と仲よく乾杯！

ほんわかしてやっぱり親の愛情っていいもんだなあなんて思うのだが、2日目以降はとくに父に、性格的に嫌な面（投影性自己同一視）を見て荒れはじめる。

でも、明日帰るんだという晩になると、両親が妙に愛《いと》おしくなり、やさしく接するようになる。私はこれの繰り返しだったなあ。

やはり常に別れや死を意識して、この瞬間、瞬間を味わって生きていくのがいいのだろう。

そんなことわかっているのだけど、すぐ忘れるんだよね。だから、このことばを時どき思い出そうよ。多くの人たちを看取《みと》ってきた山崎医師のことばだけに、重みがある。

定年後のアイデンティティ

人生が80年になり、多くの人が、いかに生きるか、いかに死ぬかについて考えざるを得なくなった。これは大変なことである反面、自分の進む道を自分で選択できるようになったと思えば、このチャンスを活かしたいものだ。

楠木《くすのき》新《あらた》

健康寿命の急速な延びで、リタイアしたあとに、どうするのかが大問題になっている。

これは、つくづく実感していることだが、一生懸命はたらいて、いざ定年後、妻とゆっくりなんて思っていても、それが日常となると、ほぼ例外なく、妻が音《ね》をあげる。

そりゃそうだろう。一日せいぜい数十分しか顔を見て話してない生活から、のべつまくなしに顔をつき合わせる生活になるのだ。

旅行ともなると、もっと悲惨になる。

「旅行？　誰と？　……えっ、あなたと！　あなたとは、定年後ずーっと一緒でしょ。それなのに、なぜ旅先でも一緒にいなくちゃいけないの！　ねえ、そうでしょ！　変でしょ。お金かかるんだから、どうしても旅行っていうなら、私は趣味のお仲間たちと行きます！」

……こんなぐあいである。

それはともかく、大手生命保険会社勤務中にMBAを取得、定年退職後は楠木ライフ&キャリア研究所代表を務め、10万部突破のベストセラー『定年後――50歳からの生き方、終わり方』（中公新書）を著《あら》わした楠木は、含蓄《がんちく》あることばを残している。

人間は、青年期にアイデンティティの確立をめざして葛藤《かっとう》、模索するが、近年は、老壮年期、つまり定年後にも新たなアイデンティティを求められる時代となった。

さあ、この事実をどう見るか、どう考えるかのヒントがこのことばには隠れている。ピンチはチャンス！　これまでの貴重な体験を踏まえて、新たな素晴らしい展開を見たいものだ。

クリニックにいらっしゃる定年後の方は、着実に増えている。励ましや祝福の意味をこめて、このことばを進呈すると、生気がよみがえり「ありがとうございます！　やってみます！」という方は多い。

人の期待より自分の期待

「人に好かれてよい子になって、落ちていくときゃ、一人じゃないか」

加藤《かとう》諦三《たいぞう》

「嫌われたくない」これは永遠のテーマ。もちろん嫌われたくないけれど、誰からも！となると、これは不可能だ。

社会心理学者でありニッポン放送系のラジオ番組「テレフォン人生相談」に40年以上出演しつづけていることでも知られる加藤は、『だれにでも「いい顔」をしてしまう人——嫌われたくない症候群』（ＰＨＰ新書）にこのことばを載せている。

私は若いころ加藤の本に完全にはまり、友人とともに読みまくったことが、今は懐かしく思い出される。

自分を殺してまで他人に合わせて、それで好かれてどうするの。

肝心の自分がなくなっちゃうよ。

人の期待にこたえることを生きがいにするんじゃなくて、自分の期待にこたえること、いや、自分の目標は、憧《あこが》れを模索することが最も大事だよ。

若い人だけではなく、会社や家庭、組織の中の人間関係で苦しんでやって来る、中高年の方に話す。

内面を見つめる3つの問い

一、お母さんに「してもらったこと」は何ですか?
二、お母さんに「お返ししたこと」は何ですか?
三、お母さんに「迷惑をかけたこと」は何ですか?

大山真弘《おおやましんこう》

内観療法とは、僧侶・吉本伊信《よしもといしん》が創始した内観法を医療、臨床《りんしょう》心理的目的のために応用する精神療法である。病院や民間の研修所でおこなわれるが、手順としては、してもらったこと、お返ししたこと、迷惑をかけたこと、の3つのテーマについて、ひたすら想起してもらうことである。

非行少年、非行少女などについても適用があるが、両親に他責的(問題の責任の所在は自分以外にあるとする)なクライエントにときどき、問いかけてみる。

このことばは、蓮華院誕生寺《れんげいんたんじょうじ》内観研修所所長・大山の著書のカバー折り返しにある(『お母さんにしてもらったことは何ですか?』サンマーク出版)。

自分の母親は毒親で、「あいつのせいでこうなった！　謝れ！」と叫びつづけるクライエントに、お母さんにお返ししたことは何ですか？　と静かに問いかける。

しばらく間があき、泣きだす方がいる。

何にも浮かんでこないんですすと、そういう方は言う。

次の診察まで考えて書いてきてね！　と言う。そんなこんなでラポール（相互信頼）が良好になれば、残りの2つのテーマについても深めていく。

いや、何のことはない、この私だって、親にカーッと感情的になったとき、自分に問いかけている。

お返ししたことは何ですか？　意外と浮かんでこないんですね、これが！

時間について

時間をムダにしても自分を責めない

井上裕之《いのうえひろゆき》

歯科医師としてハイレベルの治療を提供するためにニューヨーク大学などで世界レベル

の技術を習得し、島根大学医学部臨床教授を務め、さらに日本コンサルタント協会認定パートトナーコンサルタントである井上は、自分を責めることの愚《おろ》かさを説いている。
「うっかり酔いつぶれてしまった。大幅に時間延長してカラオケで歌いまくっちゃった……。そんな場合には、『ああ、なんて自分はバカなんだろう』と自分を責めないでください。責めてしまった瞬間に、その時間は無為な時間になってしまうのですから。こういうときは『まあ、たまにはいいか』とか、『ときにはこんなことも必要かもしれないなあ』と考えればいいのです。思いを切り換えれば、その時間は一気に有意義な時間に転換できます」(『なぜかすべてうまくいく1%の人だけが実行している45の習慣』PHP文庫)
さらに井上は、「どういう気持ちで過ごせたか」を大切にするのが、うまくいってる1%の人で、「何をやったか」だけで時間の価値を判断するのが、うまくいっていない99%の人だという。
確かに美酒に酔いしれるのも、大声でカラオケ歌いまくるのも、とってもとっても気持ちいいよね。

「口ぐせ」はなに？

話している内容によって、その人が木登りをしている人なのか、穴掘りをしている人なのかがすぐにわかります。つまり、向上心をもって上に進んでいく人なのか、ネガティブ志向で後ろ向きな考え方しかできないのかがわかってしまうということです。

佐藤富雄《さとうとみお》

心理学・生理学の観点から、「口ぐせ」が人間の脳と人生に及ぼす影響を研究し、日本人にとって最適の成功法則としての「口ぐせ理論」を提唱している作家、健康科学者にしてルーマニア名誉領事も務める佐藤のことばである（『運命は「口ぐせ」で決まる』知的生きかた文庫）。

佐藤は「人は誰でも、いつも口にする『口ぐせ』どおりの人生を送っているものです。

一種の自己暗示ですが、発した言葉を読み取った脳が、その実現へ向けて動き出すのです」と言う。

考えはことばになり、ことばは行動になり、行動は習慣になり、習慣は人格となり、人格は運命をも変える式のことばもあるが、いいことを先に考えられずとも、まさにまず脳と行動を変えていこうということだ。

このことばにある、穴掘りをしている人とは、「上司の悪口をいったり、仲間のこき下ろしをしている」人で、木登りをしている人とは、「他人のすごいところに素直に驚き、いいところを発見することを知っており、そういうことを話題にして、自分もそうなりたいと憧れる」人だ。

悪口、愚痴《ぐち》、後悔、懺悔《ざんげ》、非難、中傷、妬《ねた》み嫉《そね》み、自慢、自己嫌悪はやめにしよう！

どうしたらいいかって？　まず、そんなこんなが頭に浮かんできても、ことばにするのを止めることから始めようよ！　そこが大事！

「あなたの口ぐせはなんですか？」

ときどきクライエントにこう問いかけて、これからの治療戦略の参考にすることがある。

くよくよしないヒント

グラスはすでに壊れたとみなす

リチャード・カールソン

このことばは潔《いさぎよ》い。大好きなことばだ（『小さいことにくよくよするな！』小沢瑞穂《おざわみずほ》訳　サンマーク文庫）。

カールソンはアメリカの心理学者で高名なストレス・コンサルタント。ユーモアにあふれ、率直でわかりやすく、しかも誰にでも実践できそうな「くよくよしない」ヒントを提唱してきた。

彼は、人生のすべては流転し、始まりがあれば必ず終わりがある。すべては壊れるものであることを知っていれば、驚いたり失望しないですみ、何かが壊れても、それをもっていた時間に感謝するようになる、と説く。

身体はもちろん、あらゆる面に衰《おとろ》えは訪れ、何一つ完全でありつづけるものはない。

私を含めて、維持しなければならないという強迫的な考えにとらわれがちな方に、このことばを、そっとつぶやく。

反省のない自嘲と自責はやめる

大越《おおごし》俊夫《としお》

神戸市御影《みかげ》に、不登校児・高校中退生のための私塾「師友塾」を創設。塾長として「命に火をつける教育」を理念として掲げ、6500人を超える若者と正面から向きあっている大越のことばだ（『こう考えると、人生は変わるよ。――人生の「つまずき」をムダにしない50の考え方』PHP研究所）。

希死念慮《きしねんりょ》（自分は死ぬべきだという思いが頭から離れなくなる）をともなう深刻なうつではないことを確認してから、あまりにも自己憐憫《れんびん》や自責が強い方に、このことばを投げかけてみる。一刀両断である！

大越は、「おれはだめだ、だめだと自分を責める人で、ほんとうに自分のだめさを直視している人は少ない。責めることで、自分の弱さに直面することから逃げている。……自己陶酔している。……他人から許してもらいたがっている……。……そのいずれにしても、ここが痛い、ここが悪いと言い立てるばかりで、直す努力をしない病人みたいなもの。……」。

さらに、「自分を責める、自分を罰する、そうやって被害者ぶることを、何か立派な行いだと思う甘えは捨てたほうがいい。反省心をともなわない自己嫌悪は、あなたの人間の価値を下げこそすれ、あなたに何ももたらさない」。そして、こう結んでいる。

「治《なお》りたがらない病人になるな！」

まさに至言である。私は自己嫌悪が大嫌い。そもそも、主体で唯一無二であるはずの自己を、その同一人物の自分が嫌うなんて、大いなる矛盾《むじゅん》だ。

そうは言っても、私こそ若いころは、「自己嫌悪の上月」と言われ、名うての甘えん坊だったんだけど！とも話すんだ。

幸せを拾う

幸せは〝なるもの〟ではなく〝拾うもの〟。

いくつ拾ったか、数えてみよう！

日下由紀恵《くさかゆきえ》

「癒しのカウンセリング」をおこなう、スピリチュアル心理カウンセラー日下の『神様からのGift Word《ギフトワード》――心を浄化する幸せの言葉』（永岡書店）は、ことばのみならず、そこに添えられている写真がとてもいい！

じーっと瞳を凝《こ》らして見つづけていると、それだけで癒されてくる。スピリチュアル関係は私が無学なためかほとんど知識をもたないが、このことばは認知行動療法的観点を踏まえた、けだし名言と思う。

クライエントの評価も高い。「不幸だ、なんて私は不幸なんだ」と嘆く方に「そうでしょうか？　あなたのまわりをよく見つめてください。もっともっと眺めてください！小さくともささやかな幸せが見つかりませんか？　たとえば歩ける、目が見える、かわいい猫を飼っているとか……」と囁《ささや》いてみる。そうすると自分の身近なところや自分自身の中に幸せを探し求め、見つけて安堵《あんど》して、ささやかではあるが幸せになることもあるのだろう。眉間《みけん》のしわが消えて柔らかい微笑みがこぼれる方もいる。

日下は「『なかなか幸せになれない』と思っているのなら、幸せの探し方を変えてみましょう。幸せとは、〝大きくて特別なもの〟〝誰もが手に入れられるわけではないもの〟ではなく、小石と小石の隙間に入るくらいのとても小さなもので、その辺に転がっているものです」と言う。

若返るための５つのＮＯ

死を意識した生き方は不思議なことに、その人に「生の輝き」をもたらします。そのことが、私に「人は必ずいつか死ぬ。大切なのは人生の長さよりも質である。今をどう輝いて生きるかだ」と考えさせました。

南雲吉則《なぐもよしのり》

私は58歳からダイエットに目覚め、72キロの体重を3年で61キロまで落としたが、残念ながら65歳の今は66キロで、なんとか63キロをめざして奮闘中である。

ダイエット本漁《あさ》りに夢中なころ出会ったのが、東京・名古屋・大阪・福岡のナグモクリニック総院長として活躍中の南雲の本だ（『実年齢より20歳若返る！生活術』ＰＨＰ文庫）。「ガン専門医として患者と接し、ときにはその死をみとってきた経験も、私に深い影響をもたらしました。死を意識した人の生き方は真剣です」と言う。

そして、このことばである。
まさに、メメント・モリ！（死を思え！）だ。
今をいかに懸命に生きるか！
人生のポイントはそれに尽きるようだ。
ちなみに彼の言う5つの若返りの〝NO〟は次のとおりだ。
・NOスモーキング（禁煙）
・NOドライビング（車や電車をつかわず、歩こう）
・NOカフェイン
・NOスイーツ
・NOミート
たいていの方は、肉、スイーツがダメというところで、「これ、できません」とおっしゃる。私も、肉が一切禁止と聞いては、首をうなだれるしかないけど。

俳句の効用

俳句が認知症にいいんですよ。俳句をやっているときは脳血流が増えますのでね。字も書きますしね、対象をよく見ますよね。

杉本八郎《すぎもとはちろう》

私の人生は十分後半戦に入っている。しかも母が90歳をゆうに越えているから、老年期の生活に想いを馳《は》せることがある。

資料請求したから、年に3回送られてくるのが季刊誌「ロングライフ」である。有料老人ホームを全国展開している日本ロングライフ株式会社の取締役、桜井《さくらい》ひろみのインタビュー記事が巻頭を飾る（Good Feeling ―桜井ひろみの素敵な対談― Long Life Vol.30 2019）。

この号では、アルツハイマー型認知症の進行抑制剤「アリセプト」の研究開発に取り組み、薬のノーベル賞といわれる英国ガリアン賞や恩賜発明賞などを受賞、同志社大学生命医科学部客員教授の杉本が対談相手で、彼は俳句の効用をこのことばで説いている。

私の母は俳人だが、60歳から俳句を始め80歳で第一句集『花林檎』（みちのく書房）を、

90歳で『卒寿』（東北大学生活協同組合）を出している。母の行動を見ていると、月に1回の俳句会に出す俳句を書くために、新聞を読みテレビを見ている。季語を常に念頭に置き、ネタ探しに貪欲だ。

このことばの最後がいい。「対象をよく見る」と……。

私は、俳句が認知症の進行抑制にいいばかりではなく、予防にも十分に力を発揮すると考えている。

中高年のクライエントに、よく俳句を勧めるが……。そうねぇ、多くて10人にひとりくらいは「わかりました」と答えるが、大抵の方は「むずかしそうですね」と言う。

まず「イエス」と答える

好かれるための最後の方法は、「イエス」と言う態度を身につけることだ。

ガイ・カワサキ

ガイ・カワサキは著書『人を魅了する――一流の職業人であるための技術』（依田卓巳《よだたくみ》訳　海と月社）で、人を魅了する方法を詳細に説いている。

カワサキはアップルの元チーフ・エバンジェリスト。ちなみにエバンジェリストとは原義はキリスト教の「伝道者」で、高度化・複雑化が進むＩＴ環境のトレンドや最新テクノロジーをユーザーに向けてわかりやすく解説し、啓蒙《けいもう》をはかる仕事をする人だという。

そして、このことばだ。

成功に関する同様な格言も多いが、彼はその根拠として、「警戒する必要はない。人と関係ができたばかりのころの要求はたいてい小さく、単純で、たやすいことばかりだ。リスクはそれほど大きくない。イエスと答えれば、時間が稼げる。より多くの選択肢を見て、親しい関係を築くことができる。……逆に、『ノー』と答えるとすべてが止まってしまう。……少なくとも『ノー』の代わりに『いまはまだ』と考えよう」と。

納得！

イエスと答えて、一生懸命努力すれば、道は開けるだろう。もし最終的にダメでも、要求に真剣に対応してくれたという心意気が相手に伝わり、またオファーが来るかもしれない。いや、行きづまっているのを見て、助けてくれる人が現れるかもしれない。

ノーと答えたら、その相手からは、未来永劫《えいごう》ふたたびオファーは来ないだろうし、そのあとの発展もない。

好かれるためにという、やわらかい表現にしてあるが、もちろん、ビッグな成功への第一歩を踏みだすため！ということである。

ビジネスマンだけではなく、すべての人に、有用な金言である。

だけど、しかしなどButが口ぐせのクライエントに「Butじゃなくて、And soにしなさい」というときに必ず、このことばを添えるのが効果抜群だ。

なお、カワサキの次のことばも私は大好きだ。

「あなたの人生で選べる道はふたつある。まわりの人を、善人であることが証明されるまで悪人と考えるか、悪人であることが証明されるまで善人と考えるか——。

請け合ってもいい。後者のほうが多くの人に好かれるだろう」

自由を得るために

人生の目的は自由の獲得である

森《もり》 博嗣《ひろし》

このことばは、とくにわたしが大好きなものだ（『自由をつくる 自在に生きる』集英社新書）。自由とは何かの、根源的な答えが説かれている。

大学教授で工学博士、1996年に『すべてがFになる』で第1回メフィスト賞を受賞した作家の森は、「自由というのは、『自分の思いどおりになること』である。自由であるためには、まず『思う』ことがなければならない。次に、その思いのとおりに『行動』あるいは『思考』すること、この結果として『思ったとおりにできた』という満足を感じる。その感覚が『自由』なのだ」と言い、さらに「子供は、あれもしたい、これもしたい、と『思う』けれど、たいていは、そのとおりにならない。大人が『駄目だ』と制限するものもあれば、自身の身体的能力が不足しているためにできないことも多いだろう。だから、『自由にあれこれしたい』という気持ちは大人以上に持っているものの、子供はけっして自由とはいえない。はっきりいって不自由である」と言う。

自由の獲得のために成長し、大人になり、「思い」や「理想」を実現するために、稼ぎあるいは学問やスキルを身につけよう。

中間管理職の悲哀とかサンドイッチ症候群などということばが跋扈《ばっこ》しているが、中間管理職のほうがヒラ社員より精神的健康度が高いことはよく知られている。その最大の要因は、自己裁量権がヒラより大きいからだ。自由が多いからだ。

不自由を嘆く暇があったら、努力しよう！　より多くの自由を獲得して、より幸せになるために。
ブーブー文句ばっかりのビジネスパーソンに、このことばを紹介する。

「大人」へのレッスン

そこでもし、あなたを題材にドキュメンタリー映画でもつくっていると考えることができたら、上司や同僚のいかなる嫌な言葉にも、「そうですね」「わかりました」とほとんど無意識にあなただけ〝大人〟のカッコいい対応ができるはず。だってその時のあなたは、ともかく清く正しく美しく仕事をする人なのだから。

齋藤《さいとう》　薫《かおる》

これは、女性雑誌編集部で美容ページを担当し新機軸を打ちだしたあと、美容ジャーナリストとして女性誌においてエッセイを多数連載し、美容記事の企画、化粧品の開発、アドバイザー、美容学の講師など幅広く活躍中の齋藤のことばである（『「美人」へのレッスン』講談社＋α文庫）。

２８３ページにわたり、「美人」になるための方法論が展開されている。章立てだけでも紹介すると次のようになる。

ＳＴＥＰ１　「美人」とは、そもそも一体誰なのか
ＳＴＥＰ２　女が突然キレイになる時
ＳＴＥＰ３　キレイになる人、なれない人
ＳＴＥＰ４　「美しさ」は人生をこう変える
ＳＴＥＰ５　幸せを呼ぶ美容法

ちなみにこのことばはＳＴＥＰ４にある。

これの秀逸なところは、「あなたを題材にドキュメンタリー映画でもつくっていると考えることができたら……」のくだりである。

まさにメタ認知（もうひとりの自分）を彷彿《ほうふつ》させる表現だ。

そう、もうひとりの理知的でやさしいこころをもった自分を、カメラに象徴させている。

何を撮ってるかって？　そりゃ、決まってるじゃん！　清く正しく美しく仕事しているあなたをだ！

〝スタート！〟の監督の声は確かに、今、聞こえたから、いよいよ美しいあなたが、今から始まるんだ。

ちょっと疲れたときなど、私はこのことばを自分につかう。

いよいよクリニックにテレビカメラが入り（そんなわけないじゃん）、真摯《しんし》でいつもやさしい精神科医のドキュメンタリー映画の撮影が始まるよ！（ばっかばかしい、そんなことあるわけないじゃん！）

もうひとつの目を意識して、そう、私はそういう精神科医を演じているんだ。

「美人」や「精神科医」を、「やさしいお母さん」「まじめで温《あたた》かいお父さん」に置き換えてクライエントにお話しすると、「私もやってみます！」とにっこりされる方が多い。

ぜひ、たくさんの後日談を聴《き》きたいものだ。

腹筋呼吸法がオススメ

座禅でもヨガでも太極拳でも、リズム運動に用いられている呼吸法は、すべてこの「呼気」を意識して行う腹筋呼吸法です。意識するのは、「まず呼気から行うこと」それだけなので、慣れてしまえば簡単にできます。

有田秀穂《ありたひでほ》

過換気症候群は精神科臨床《りんしょう》でよく遭遇するものである。クリニックにも悩まれて多くの方がいらっしゃる。

パニック障害との鑑別が重要で、大きなストレス要因が明確ならば過換気症候群、青天の霹靂《へきれき》のごとく不安発作がきたらパニック障害の可能性が高い。

要するに過換気症候群は、不安や緊張で過換気、すなわち息を吸いこみすぎて、血液がアルカリ性に傾き、さまざまな症状が現れる。もちろん、ストレス軽減が図られるが、それでも過換気傾向になりそうなときは、この腹筋呼吸法をお勧めしている。

「まず、息苦しくなったら、人間は反射的に息を吸いこんじゃうから、過呼吸一直線だ！　だからそのときは、まず、吐こう！　吐いて、吐いて、吐いて、1回吸う。3呼1吸法。もしくは、息を吐けるところまでずーっと吐いてから吸うと、自然に少しだけ吸えますよ」などとアドバイスする。

そのときこのことばがとても説得力をもつ（『脳からストレスを消す技術――セロトニンと涙が人生を変える』サンマーク出版）。

座禅もヨガも太極拳《たいきょくけん》も大はやり！　話に乗ってくる方は多い。

有田はこの本で、ストレスを軽減するセロトニン神経活性化の重要性を説いているが、はじめにお腹をふくらませる横隔膜《おうかくまく》呼吸は「吸気」から入るのに比べ、「呼気」から始める腹筋呼吸こそが、セロトニン神経の活性化をもたらすと述べている。

そして、「この呼吸法は、ウォーキングやサイクリングなど、日常のあらゆる場面に用いることができるので、呼吸法の基本としてしっかり身につけていただきたいと思います」と結んでいる。

完璧主義に陥るな

完璧主義者は、自分もいじめているけれども、人もいじめているんだよ。

斎藤《さいとう》一人《ひとり》

私が青年精神科医だった懐かしい時代に、強迫性格（完全主義と柔軟性のなさで特徴づけられる性格傾向）について考えるときのバイブルが『強迫パーソナリティ』（L・サルズマン著　成田《なりた》善弘《よしひろ》・笠原《かさはら》嘉《よみし》訳　みすず書房）である。赤鉛筆で線を引きながら一字一句を堪能したことを覚えている。

完璧主義が、いかに現実離れしたものであるかを幾度となく説き、その破綻として「さまざまな病態（うつ状態、恐怖神経症、嗜癖状態、ギャンブル、盗癖、自慰など）」があらわれてくるという。

精神分析をベースにした魅力的な論理の展開に魅了された。難解な表現も多かったが、完璧主義をやめよう！と、平易な表現であらわしているのが、銀座まるかんの創業者で長者番付の常連である実業家の、斎藤のこのことばだ（『斎藤一人のツキを呼ぶ言葉』小俣《おまたかん》貫

太《た》監修　清水克衛《しみずかつよし》著　知的生きかた文庫）。

「完璧主義者は、物事のうまくいかなかった点を許せません。それを必ず責めます。自分が悪いと言って責めるときもありますし、人の失敗を責めるときもあります。それは、自分の子どもの場合であっても同じ」

さらに「完璧主義者って、……口うるさく小言を言うんだ。『完璧に行動しろ』ってね。……だけれども、子どものほうから見ていると、親が完璧じゃない。いろんなことができていないのを、ずっと見て知っているんだよね。……そうすると、腹が立ってくるんだよね。それでも、親に飯を食わせてもらっているから、『はい、はい』と子どもも言っていなきゃならないけれども、いつかは爆発して、暴れたりするんだよね」と言う。

数学や物理の世界では、百歩譲《ゆず》って「完全」はあるのかもしれない（受験での、私の大不得意科目がこの2つだから。本当かどうかはわからないけど）。

しかし現実では、とうていあり得ないだろう。たとえば完全な清潔、完全な安全など……。だから、常に完全・完璧主義に陥《おちい》っていないかの観点から、自己を見てみる習慣をつけよう！

バリバリのキャリアウーマンのお母さんや優秀な研究者のお父さんにこのことばを話すと、ハッとした表情でうなずかれる方は多い。

ときには酒談義を

生の焼酎は、人生の下降線をどこかに感じさせる危うい、しかし止められない旨さであり、レモンサワーは、行手がいかに茫洋《ぼうよう》としていても、先になにか少しの明るさを感じさせる旨さだった。

中原蒼二《なかはらそうじ》

クリニックでは、趣味について必ず聞く。まず臨床《りんしょう》心理士が予診（インテーク）をとるがその段階で聞いている。なぜかというと、うつのときには、あんなに好きだった趣味的なことにも関心を示さなくなるから……。

外科や耳鼻科で、趣味について聞かれることは、まずないだろうから、「精神科医の特権」のひとつかもしれない。

趣味について語るとき、多くのクライエントは饒舌《じょうぜつ》になる。

でもなかには、「とくに、ないです」とそっけない方もおられる。そんなとき、「私も、あんまり趣味ないけど、酒は好きですよ」なんて言うと「私もです」と乗ってくる。

本当に大好きで、数年周期で好みが変わっていくのだが、今はウイスキーのハイボールだ。レモンサワーは妻の大好物で、私も一時はまった。

中原の著書『わが日常茶飯――立ち飲み屋「ヒグラシ文庫」店主の馳走帳』（星羊社）にあることばが収録されていたのが『酔っぱらいに贈る言葉』（大竹聡《おおたけさとし》　ちくま文庫）だ。

この本は帯には「愛すべき酒呑まれたちへ――文豪、落語家、タクシー運転手らが語った酒にまつわる名言、迷言、妄言？　の数々。」とあったのですぐに購入した。ちなみに大竹は、雑誌「酒とつまみ」を創刊した人物だ。

レモンサワーと焼酎の違いを、これほどまでに明晰に表現した文章を私は知らない。あまりに秀逸で、唸《うな》ってしまった。ことばのひとつひとつが素敵だ。

まだ、出会ってから日は浅いが、クライエントと酒談義になったときに、必ず話す十八番《おはこ》のことばになってきた。

みずからの欲求を問う

ユーザー目線でつくっているだけなんです。みんな何で黒や茶色にするんだろう。

中井《なかい》要介《ようすけ》

これは、ベルリンの工房で研鑽《けんさん》を積み、ドイツ整形外科靴マイスターの試験に合格した義肢装具士、中井のことばである（Breakthrough［突破する力２１５］The Asahi Shimbun GLOBE October 2019 No.222）。

現在は、梶屋《かじや》製作所の代表取締役に就任し、名称を「マイスター靴工房ＫＡＪＩＹＡ」に変更した。

彼は、足に病気やけががある人のための「整形外科靴」を医師の処方箋を基につくっている。洗練されたデザインの靴が並んだギャラリーで、記者が赤や青の鮮《あざ》やかな色づかいに驚いているときに言ったことばがこれだ。

私は、「みんな何で黒や茶色にするんだろう」のくだりが大好きだ。

そうだよなあ、靴といえば、黒か茶色。スニーカーは白かい。

誰が決めたのか知らないが、じゃあ、本当に、何色のシューズを履《は》きたいかをイメージしたことがあるだろうか。

そこに置いてあるものから選ぶのではなく、みずからの本来の欲求を問うてみる、確かめてみる。

これは、あらゆることについて、ハッとさせられることばである。

中高年の男性には受けがいいが、最近の若いクライエントに今日履いている靴は自分の好きな色か、と尋《たず》ねると、「当然です。自分でいちばん素敵なカラーを選んで履いてますよ」と軽く返されることが多い。

第4章

文豪に聞いてみよう

人は一生迷いあるく

よくつきつめてみると、人間ってものはみんな、自分のゆく道を捜して、一生迷いあるく迷子なんじゃないだろうか。

山本周五郎《やまもとしゅうごろう》

『樅《もみ》ノ木は残った』などで高名な作家山本周五郎の、63歳で亡くなる直前の作品といわれる『ちいさこべ』（新潮文庫）に収録されている「ちいさこべ」からのことばである。

どこか冴《さ》えない主人公、房二郎に語らせていて、いささか寂しいと評するむきもあるが、私はこの大作家にしても、そうなんだと勇気づけられる。「捜して」がいい！「一生」がいい！　大好きなことばだ。

いいんだ！　迷っていいんだ！　旅も異国で迷うと一生忘れられなくなる。

目標を達成したあとの、空虚感や虚《むな》しさ、また迷いが生じ、人生がわからなくなりましたという方に、この山本のことばを話すと肩の力みが消えて、ほっと安堵《あんど》の表情になる。

名言と出合う

幸福とは幸福をさがすことである。

ジュール・ルナール

さまざまに引用されているので、ご存じの方も多いだろう。簡素で日常的なことばをつかいつつも、鋭い観察力からさまざまな優《すぐ》れた作品を生みだしたフランスの小説家、詩人、劇作家のジュール・ルナールの名言である。

幸福をさがす過程にこそ幸福はある。いきなり降ってわいてくる、たとえばジャンボ宝くじで一等賞が当たることだけが、幸福ではない。

身のまわりを見つめて、幸福をさがし、ささやかな幸せに気づくのも、幸福なのである。不平不満たらたらの方に、このことばを、ゆっくり、やさしく語りかける。

ちなみに、このことばは演劇実験室「天井桟敷《てんじょうさじき》」を設立し、演劇、映画、短歌、詩、評論など多方面で活躍した天才、寺山修司《てらやましゅうじ》の著書『ポケットに名言を』（角川文庫）から見つけた。

彼の名言集めはよく知られているが、その原点となったのがこのことばで「高等学校の便所の落書のなかで発見したのだ」と言う。さらに、この本の中で、寺山はいわゆる名言について興味深い表現を残している。
「ただ、私は、じぶんの交友録を公開するように、この『名言』集を公開し、十年たったので、多少の入れかえを行った、というにすぎない。そして、『名言』などは、所詮、シャツでも着るように軽く着こなしては脱ぎ捨ててゆく、といった態のものだということを知るべきだろう」

ことばは言霊（ことだま）

詩人は、ことばで人を酔わせる酒みたいなもんです。ときには、ことばで人を傷つけたりすることもできる。ようくみがいたことばで、相手の心臓をぐさり、とやる。

寺山修司《てらやましゅうじ》

青森高校在学中より俳句、詩に早熟の才能を発揮し、演劇実験室「天井桟敷《てんじょうさじき》」を主宰した寺山の『両手いっぱいの言葉――413のアフォリズム』（新潮文庫）は、いつも私の手許にある。413ものアフォリズムに囲まれて、いつも幸せだ。

このことばは、女装劇と称される「毛皮のマリー」劇中のもので、精神科医の私がとくに大事にしているものだ。詩人を、精神科医に置きかえてもいい。

ことばは諸刃《もろは》の剣《つるぎ》だろう。いつだったか、シンガーソングライターの中島《なかじま》みゆきが国語審議会の委員を引き受けたときに、「めったに受けないが、ことばは言霊《ことだま》といって、とても大事だから今回は引き受けました」という旨《むね》の発言をしたことを覚えている。

精神科医にとって、ことばは命である。

ことばで限りなくクライエントを癒《いや》すこともあれば、そのことばが一瞬にしてラポール（相互信頼）を破壊してしまう可能性も秘めている。

冗談めかして笑顔で言っても、相手の癇《かん》に障《さわ》ることも多い。

常に、先方の感じ方や準備状態を確認しながら、少しずつことばを選んで語りかける。

そんなとき、このことばは、力強い味方である。

「ああ言った、こう言っただけでなんでこうなるのか、まるでわかんない」式のクライエントに、「寺山のこんなことばもあるから、注意しようよ」などと言うことがある。

ないものねだりをしている人へ

いまは「ないもの」について考えるときではない。「いまあるもの」で、何ができるか考えるときである。

アーネスト・ヘミングウェイ

愚か者ははるか遠いところに幸福を探し求め、賢い者は足元で幸福を育てる。

ジェームズ・オッペンハイム

小説『老人と海』で高名なアメリカのノーベル文学賞受賞作家ヘミングウェイと、20世紀初期の重要な文学誌とされる「The Seven Arts」の創設者として知られるアメリカの詩人オッペンハイムのことばである（『人生の道標になる 座右の銘』リベラル社）。

いきなりのないものねだりや、はるか遠くに想いを馳《は》せるのではなく、今あるところ、今自分がもっているものから考えよう。

それさえ十分に考えられないのならば、残念ながらその先の発展はむずかしいだろう。ふたりの大文豪がそう言ってるからというと、まさに大迫力となり、真実味が増す。類する名言は数多い。因《ちな》みにヘミングウェイは数々の名言を残している。いくつか挙げよう（https://iyashitour.com/archives/23677）。

「あちこち旅をしてまわっても、自分から逃げることはできない」

「とにかく、毎日が新しい日なんだ」

「氷山の動きの持つ威厳は、それが水面上に8分の1しか出ていないことによるのだ」

「書籍ほど信頼できる友はいない」

いじめに直面したら

自殺すること禁じます

石田衣良《いしだいら》

私は診療で中学生から診《み》ている。いじめが主題であることが実に多い。いや、他のケースでも、いじめが絡んでいないケースはないのではないか。

『完全版　いじめられている君へ　いじめてる君へ　いじめを見ている君へ』（朝日新聞社編　朝日新聞出版）は、著名人63人からの命のメッセージとして、美輪明宏《みわあきひろ》、姜尚中《カンサンジュン》、斎藤環《さいとうたまき》、中村俊輔《なかむらしゅんすけ》などそうそうたるメンバーが小文を寄せている。もちろんクリニックの待合室の本棚に置いてある。

『池袋ウェストゲートパーク』でデビューし、オール読物推理小説新人賞や直木賞などの文学賞を総なめにした、著名な作家の石田は、「自殺することは禁じます」と言う。

理由として「あなたはあなただけでなく、たくさんの人の思いを受けて生きている。いまのあなただけでなく、未来《みらい》のあなたにも責任《せきにん》がある。状況《じょうきょう》は厳《きび》しいかもしれない。でも、永遠《えいえん》には続《つづ》かない。……死んだふりをして、苦しい時間を生きのびてください。……あなたが生きていることが、きっとだれかの力になる。その日は必《かなら》ずやってきます」

残念ながら、私は児童精神医学の専門的な教育は受けてないから、小学生は引き受けられないが、さまざまな媒体《ばいたい》から得られる情報を活用して、アドバイスすることがある。

思索の散歩者へ

学生とは、社会のどの部分にも属しているものではありません。
また、属してはならないものであると考えます。
……学生は思索の散歩者であります。青空の雲であります。
編輯者《へんしゅうしゃ》に成りきってはいけない。
役人に成りきってはいけない。
学者になりきってさえいけない。
老成の社会人になりきることは
学生にとって、恐ろしい堕落であります。

太宰《だざい》　治《おさむ》

『人間失格』や『走れメロス』などであまりにも高名な太宰の学生に関することばである

（「心の王者」より。『DaZaismダザイズム 太宰治 不滅の至言４５１』藝神倶楽部）。

御多分に漏れず内気で敏感、感受性が強い性格の私は『人間失格』の主人公、葉蔵《ようぞう》にはまり、大興奮したことを昨日のように鮮《あざ》やかに思い出す。そして、振り返ると二浪ののち入学した大学での生活が最高だった。

太宰の、大学生のまさにモラトリアムを彷彿《ほうふつ》させるような、ことばたちがいい。まさにダザイ！

思索の散歩者がいい！　青空の雲がいい！　編輯者がいい！　役人がいい！　学者がいい！　老成の社会人がいい！　すらすら読めて韻《いん》もいい！

そんないい時期なんだよ！って、時たま来る大学生にこのことばを添える。

神経質は感受性の宝庫

私たちの知っている偉大なものは、
すべて神経質な人が作ったものです。

マルセル・プルースト

これも、臨床《りんしょう》場面では私がよく口にする名言である（earth-words.org/archives/13809)。だいたい陽気で社交的かつ大胆不敵で困っていますと言って、クリニックに来られる方は皆無《かいむ》である。その真逆の方は、しょっちゅういらっしゃる。

神経質で心配性で、だからネクラで……そんな人に、心配性はあらゆる可能性を考えることができる、とっても頭がいい証拠だし、神経質に関しては、あの『失われた時を求めて』を著《あら》わしたフランスの大巨匠、作家プルーストの名を出して、このことばを、ゆっくりと呟《つぶや》く。えっという反応が多いが、次にそうだったんだと安堵《あんど》の笑みがこぼれる。

実際に彼は、非常に繊細で過敏な神経の持ち主だったという。窓を閉ざし、外気も光もシャットアウトして執筆していたとのことだ。

過敏で神経質な性格をベースにして、苦しみながらも素晴らしい作品を次つぎと発表していったのだろう。

私を含めた、神経質傾向の人たちの救いの名言である。

「神経質は、感受性が強い、鋭い証拠だからいいでしょ！　それともきみは鈍いほうがいいのかい？」と問うと、みんなが首を横に振る。

人生は初体験の連続

われわれは生涯のさまざまな年齢に
まったくの新参者としてたどり着く。
だから、多くの場合、いくら年をとっていても、
その年齢においては経験不足なのである。

ラ・ロシュフコー

フランスの著名なモラリスト文学者であるラ・ロシュフコー公爵フランソワ6世の著作、箴言集《しんげんしゅう》は、私の憧《あこが》れであり理想であった。

岩波文庫の『ラ・ロシュフコー箴言集』（二宮《にのみや》フサ訳）を手にすると、今も熱く胸の高鳴りを覚える。

このことばは、ことに最近こころに滲《し》みる。私は65歳になるが、わからないことばかりである。

いつもおろおろ、ひやひやしている。ダメじゃないか還暦すぎたのに！　なんて内なる声がする。

でも、いいんだよね。だって、いつまでも、いつも人生では初体験なんだから。ラ・ロシュフコーさまが、ちゃんと金言として残してくれているんだから。

ありがたく、いただきます！

中高年の方で、なかなか生きることが上手になりませんと言う人に、私も、まったくその通りですよって言って、このことばを添えると、一気にラポール（相互信頼）がよくなる。

彼の箴言で私のお気に入りを、少しだけ挙げよう。いっぱいあるから、興味のある方は、ぜひ本を読んでくださいね。

「立派な行為を心から誉めたたえることは、いわば自分もそれに一枚加わることである」

「知《エスプリ》は情《クール》にいつもしてやられる」

「われわれは、どちらかといえば、幸福になるためよりも幸福だと人に思わせるために、四苦八苦しているのである」

「恋をすると、人は最も信じているものまでしばしば疑う」

「二人がもう愛し合わなくなっている時は、手を切るのも大そう難しい」

文豪が後押し

目標に近づくほど、困難は増大する。

ヨハン・ヴォルフガング・フォン・ゲーテ

ドイツ帝国最高法院で実務を見習ったときの恋愛を題材にとった『若きウェルテルの悩み』を発表し、一躍その名をとどろかせ、その後も精力的に詩集、戯曲、小説を発表しつづけたドイツの大文豪ゲーテは、さまざまな金言、格言を残している。

高橋健二《たかはしけんじ》編訳の『ゲーテ格言集』（新潮文庫）は有名で、昭和27年発行。手許にある平成12年のもので、98刷になっている。

今も読み返すたびに眩暈《めまい》がするほど、いいことばばかりで、私の人生の師であり、道標でもある一冊だ。

その中でも群を抜いて、困難のさなかに後押ししてくれるのがこれだ。

私も原稿を書いていて、佳境に入ったと思ったら、ぴたりと筆が止まり、脳の枯渇《こかつ》にあえぐことがある。だから、ダメなんじゃなくて、「完成という目標に近づいている」と考えてみる。

そうすると、肩から力みが消えて、澄んだ気持ちになる。不思議だ。そして、エンディングは近いからガンバローとなる。あらゆるシーンでつかえる、勇気をもらえる名言だ。

ゲーテの金言はいっぱいあって、大好きなものが書ききれないが、あえて少し挙げてみようか。

「種をまくことは、取り入れほど困難ではない」

「君の値打を楽しもうと思ったら、君は世の中に価値を与えなければならない」

「年をとることにも一つの取り柄《え》はあるはずです。それは、年をとってもあやまちは避けられないとしても、すぐ落ち着きを取りもどすことができるということです」

「利己的でない好意的な行いが、最も高い最も美しい利子をもたらす」

「人生の目標」中高年になくて当然

車谷長吉《くるまたにちょうきつ》

広告代理店勤務、総会屋の下働き、下足番、料理人などを経て作家となり、三島由紀夫《みしまゆきお》賞、平林《ひらばやし》たい子文学賞、直木《なおき》賞、川端康成《かわばたやすなり》文学賞などを総なめにして、とくに伊藤整《いとうせい》との文学観との違いから伊藤整文学賞の小説部門の受賞を拒否したことでも知られる車谷長吉の名言である。

『車谷長吉の人生相談　人生の救い』（朝日文庫）は朝日新聞の悩み相談「悩みのるつぼ」の彼の回答をまとめたものだ。

残念ながら2015年5月に突然逝去し、彼の毒のある？独特な長吉節を聴《き》けなくなったことがなにより悲しい。

美輪明宏《みわあきひろ》とともにとくに大好きな回答者だった。

夫と子どもに恵まれて、他人からは何不自由ない人生と見える46歳の主婦が、「人生の目標の立て方がわかりません」という悩みをもっているという。それへの彼の答えのことばがこれだ！

スカッとする！　悩みを一刀両断！

車谷は「五月二十一日付のこの欄の回答に『人生の目標を設定すべきだ』と書いたのは、相談されたのがまだ何者にもなっていない、若い世代の方だったからです。……若い人は目標通りことが運ばずに、自分に嫌気がさすこともあるでしょう。しかし、若いときに一途に生きた記憶は、後になって自分を支えるでしょう。中年や高年になれば、もう『人生の目標』がないのが当然です。あなたの場合は、自分一人で何かを楽しむことを見つけることが大事です」と言う。

そして、「『生きがい』などいらないのです。自分より困っている人を助けてあげることが、一番大事なことです」とも言う。

早期退職で家にいるクライエント、暇でひまで、頭がどうにかなっちゃいそうとやって来る方もちらほらいらっしゃるが、このことばを話すと、ほっと安堵《あんど》の表情になる。もっとも、趣味は十分やって、やり尽くしましたという人が、ほとんどだけどね！

私は中高年で、趣味はあまりやれてないけど、このことばを聴《き》くと、なんだかゆったりした気分になるんだ。

母親は「安心モデル」に、父親は「社会モデル」に

美しい笑いは家の中の太陽である。

ウィリアム・メイクピース・サッカレー

上流階級を痛烈に批判した『虚栄の市』で高名な、ヴィクトリア王朝を代表するイギリスの小説家サッカレーのことばだ（『新版 ことわざ・名言事典』創元社編集部編 創元社）。

「上機嫌は人が着ることができる最上の衣裳である」も彼の名言である。

とにかく明るくいこう。笑って、微笑んでいこう。だって、太陽だから！

温《あたた》かいこころを育《はぐく》む太陽、生命の源《みなもと》だもの。

思春期や受験期の子どもをもつ母親がおろおろしてやって来る。

「ゲームばっかりして勉強しないんです」「息子の将来が心配です」「娘が変な男と交際しはじめたんです」などなど。

そんなとき、私はこのサッカレーのことばを紹介したあとに必ず、次のように語りかける。

「思春期や受験期の子どもをもつお母さんは、ぜひ『安心モデル』になってください。『お母さんを見るとなぜだか安心するんだ！　不思議だね』って思わせてください。方法は簡単です！　いつもにっこり微笑んで『大丈夫だよ！』と言うだけでいいんです。もちろん演技、演技でいいんです」

だって、ゲームばっかりしていて何も考えてないように見えても、熱にうかされたように彼氏の話を延々としていても、子どもたちにとっては受験も恋愛も、人生での初体験なのだ。……本人がいちばん不安を感じているのだから……。

じゃ、父親はというと？　これがいきなり現実的になる。「父親は『社会モデル』になってください！」おとうさんには、こう言ってください。

私立でも国公立でも、好きなところへ行け！　なに？　私立はお金がかかるって？　大丈夫だ！　父さんはそのために働いてるんだから。

このあとは落ちがあって、「そう言うオヤジは、銀行の教育ローンの申込用紙を握ってた」。

プロほどシンプル

プロは、はっきりとわかる特徴を持っているのである。
それはシンプルであることだ。

林真理子《はやしまりこ》

なぜ働くのか？

答えはさまざまだ。

コピーライターとして活躍後、エッセイ集『ルンルンを買っておうちに帰ろう』（角川文庫）がベストセラーとなってからは順調に直木賞、柴田錬三郎《しばたれんざぶろう》賞、そして吉川英治《よしかわえいじ》文学賞などを総なめにした林は歯切れよく、「……私たちは生きていくスタイルを仕事によって得る。仕事は驚くほど大きなことを私たちに与えてくれる。男と女の差、情報の取り方、強者の傲慢さ、弱者のみじめさ、といったものも、私たちは仕事を通して知ることができる」（『賢女の極意《ごくい》――人生がきっと変わる！　126の言葉』文藝春秋）と言う。

さらに、「そして私たちは仕事によって、さまざまなものを変えていく。ファッションもそのひとつだ。その仕事にいちばん適して動きやすい服装や髪形を、自然と女は選びだしている」。

そしてこのことばだ。最後はこう結んでいる。

「『おぬし、できるな』とすぐわかるプロの女というのは、全体的にそぎ落とされた感じだ。全体に小さく小さくまとめている。髪を常にかきあげているような女はまずいない。アマチュア度が強まれば強まるほど、過剰なものが生じてくるのである」

私はこの一文がおもしろくて、日頃の溜飲《りゅういん》が下がる思いである。

話は大きくそれるが、私が大好きな太宰治《だざいおさむ》や東海林《しょうじ》さだおの文章も、ムダや繰り返しがなくてシンプルだ。

それはともかく、勢いがあることばたちだから、まさか、うつで苦しんでいる真っ最中の方には厳禁だが、仕事の意義やプロとアマチュアの違いなどを語るキャリアウーマンに返すと、とても喜ばれることばのひとつだ。

自己嫌悪がないということは
その人が自己を熱愛することのない証拠である。
自己に冷淡であるからだ。

志賀直哉《しがなおや》

自己嫌悪を主訴として来られるクライエントは、年代を問わずたくさんいらっしゃる。私も青年期からつい最近まで、きわめて強い自己嫌悪にとりつかれていたように思う。そもそも単一であるはずの自己を、当の自分が嫌うなんて、論理矛盾《むじゅん》もはなはだしいが、小説の神様といわれ『暗夜行路』などの名作で高名な志賀は、このことばで、自己嫌悪する人は自分をとても愛してると言う（『青臭帖《あおくさちょう》』岩波・志賀直哉全集9巻所収）。

現状の自分に満足できず理想的な自己像をもっていて、ということは自分を向上させ、それに近づけようと頑張る人だからこそ、今の自分を嫌悪するのだ。自己に温《あたた》かい気持ちをもってるから……。

だから、クライエントには、「〝自己嫌悪〟で終わらせずに、理想的な自己に近づく努力を続ければいい、君の持ち前の真面目さで！」って語りかける。

私は長い間、自己嫌悪のやや甘くてブルーな気分にどっぷり浸ってたんだなあ。

閑話休題。

自己嫌悪については、私が大好きな太宰治《だざいおさむ》と志賀直哉の考え方に開きがあると思うが、その太宰や織田作之助《おださくのすけ》、坂口安吾《さかぐちあんご》らいわゆる無頼派と志賀との大バトル、悪口言い放題を載せた本が最近出版されて、これがたいへんおもしろい。ご興味ある方は、ご一読されたい（『文豪たちの悪口本』彩図社文芸部編　彩図社）。

恋は命がけ

恋は甘い花である。
しかし恐ろしい断崖《だんがい》の縁まで行って
それを摘む勇気を持たなければならない。

スタンダール

私の中学・高校生時代の世界文学の第一の愛読書は『赤と黒』で、主人公のジュリアン・ソレルを気取っていた。だって彼は、自尊心が強く妥協を嫌う孤独な性格の持ち主で、偽善者《ぎぜんしゃ》を演じ、策略で身を守りながら出世した美貌の若き野心家だから……。ある種、若き青年の理想像だったから……。

ジュリアンがいい、ソレルの響きが心地いい！　そんなこんなで大好きだった。

一方、スタンダールの『恋愛論』（大岡昇平《おおおかしょうへい》訳　新潮文庫）のほうは、それが名言の宝庫だと知ったのは後年である。

本格的な恋愛の経験者であれば、恋は命がけだってことは、先刻ご承知だろうが、その覚悟を確認するのに、このことばをクライエントに投げかけてみることがある。

恋をする……真剣であればあるほど、嫉妬《しっと》に身悶《みもだ》えすることになる。あるいは、幸福の絶頂のまさにそのとき、だからこそ失うことの不安や恐怖に怯《おび》えることになる。

ちなみに私には、断崖絶壁をふたたび訪れる勇気も体力も、もうないけど……。

口にしてはいけないフレーズ

私の一番嫌いな人は、「あたし、駄目なんです。生まれつき、文章なんて書けないんです」と言う人である。

宇野《うの》千代《ちよ》

98歳まで精力的に活動し、テレビドラマ化された自伝的小説『生きて行く私』や『おはん』でその名を馳《は》せ、女流文学賞、菊池寛《きくちかん》賞などを受賞した文化功労者、宇野千代のことばである（『行動することが生きることである――生き方についての３４３の知恵』集英社文庫）。

また、多くの著名人と恋愛し結婚・離婚を繰り返したことでも知られる。

実際に放ったことばの多大な影響力についてこう述べている。

「……これは恐ろしいことであるが、つい、今しがた、その気もなくて言って了《しま》った自分の言葉の、『あたし、駄目なんです。生まれつき、文章なんて書けないんです』と言った自分の言葉が自分の耳に反射して、ほんとうに、自分のことを自分で駄目だと思うようになるのではないだろうか。嘘にでも冗談にでも、自分は駄目だなどと言ってはならない。自分は書ける、とそう言い切ることである。その言葉の反射によって、自分では思わず、自分は書ける、と思い込むようになる。謙遜《けんそん》は美徳ではなく悪徳である」耳を脳に言い換えてもいいだろう。

宇野はこの本の、「精神を積極的に保つコツ」の章で、まずこのことばを挙げている。

要するに、冗談でも、謙遜でも、悲観的あるいは卑屈なことばを口にするな！　である。

そんなことしゃべると、そうなっちゃうよって、あの人生経験豊富で波乱万丈の人生を生き切った、われらが人生の大先輩、宇野が言ってるよ。

このことばは、やはり、中高年の女性クライアントにとくに評判がいい。

こころの無限性

大海よりもなお壮大なものは大空である。

大空よりもなお壮大なものは人心である。

ヴィクトル・ユーゴー

『レ・ミゼラブル』の著者として高名なフランス・ロマン主義の詩人、小説家で、七月王政時代からフランス第二共和政時代には政治家としても活躍したユーゴーの名言である（『新版 ことわざ・名言事典』創元社編集部編　創元社）。

私は、大の海好きだ！　山形市で育ったが、盆地なため、３６０度が山だった。人間はないものが欲しくなるのか、とにかく海への憧《あこが》れが強かった。さらに「この山々を越えて、脱出しないと僕はダメになる……」という強迫観念めいたものに、いつも悩まされていた。医師になって、はじめての勤務地は、茨城県の日立《ひたち》総合病院だが、その決め手となったのは、寮から海が見えたからだ。即決だった。

空も大好き。雲間を飛び交う飛行機を、日曜日の午後、愛車のパノラマルーフ越しに、ゆったりぼんやり眺めるときが、私の至福の時だ。

その海よりも、空よりもなお壮大なものは、こころだとユーゴーは言う。こころの可能性や無限性について、これほどまでに直截《ちょくせつ》に記《しる》した名言はない。

想像力、創造力は果てしない！　精神科医ならずとも、こころが豊かに、自由に解き放たれた感じがするだろう。

クライエントに話すこともあるが、何よりも精神科医、こころを扱う仕事に就《つ》いて心底よかったなあという感慨がわきあがるとき、必ず私のこころに浮かびあがる金言である。

自分が元気になる一番の方法は、他の誰かを元気にすることだ。

マーク・トウェイン

これは、こころに滲《し》みる名言である(『心に火をつける言葉』遠越段《とおごしだん》 総合法令出版)。とくに疲れを感じたときにこそ有用である。疲れてぐったりなんて、言ってはいけない! ぐったり気分が、自分には倍加され、周囲の人には、伝染するから。

元気になりたい、みずからを癒《いや》したいと思ったら、まわりを見渡し、大好きな人に話しかけよう。

その人が、さらに元気になって喜ぶであろう話をしよう。そして、そうなれば、きみはその人に感謝されて、温《あたた》かい気持ちに包まれるだろうし、感謝はされなくたって元気にはなる。だって素敵なあの人の、こぼれるような笑顔を見ることができたんだから。

なになに? 感謝も笑顔もなかったって!

そのときは、きみの話が、彼女のストライクゾーンを外れたということで、それはそれで、意味はあるよね！　次回に生かそう！

きみもしつこいねえ。まだ、なにか？

話しかけたときの、彼女の瞳が輝いてなかったたって？

じゃ、彼女を代えるしかないかな！

なんて、ラポール（相互信頼）がよいクライエントに畳みかけたりすると、場がいっそう和《なご》む。

『トム・ソーヤーの冒険』で知られるアメリカの作家で、世界中で講演活動をし、当時最も人気のある著名人だったマーク・トウェインの名言だが、彼は、ほかにもキラ星のごとく箴言《しんげん》を残している。

どれもこれも大好きだが、ふたつだけ挙げよう（https://iyashitour.com/archives/23491
https://iyashitour. com/archives/23491/3）。

「彼は人を好きになることが好きだった。だから、人々は彼のことを好きだった」

「アダムはリンゴを食べたかったから食べたのではない。禁じられていたからこそ、食べたのだ」

ほめことばのポイント

正しく相手を見なきゃほめられない

清水義範《しみずよしのり》

『清水義範のほめ言葉大事典』（白泉社）の帯には、「ほめてほめてほめてほめまくれ!! イチローも室伏広治も小泉純一郎もみんなほめられて大きくなった。」とある。

著名人が著名人をどうほめたかが、詳細に記してある。

清水は私が大好きな作家であるが、とくにパスティーシュ文学（フランス語で模倣《もほう》作品という意味）をはじめて彼の著書『蕎麦《そば》ときしめん』（講談社）で知り、抱腹絶倒した。そのおもしろさについて書いてしまうと切りがなくなってしまうので、ここでは述べない。

それはともかく、このことばである。人をほめるときの要点がいくつか挙げられていて、そのひとつだ。

彼は、「人をほめるのはとてもむずかしい、ということだ。……ただ思いつきでつるつるとほめ言葉を口にしても、正しいほめ言葉でなければ相手は喜ばないのだ。……お世辞は、相手の持っている価値とはあまり関係していない。ただ、私はあなたに敵対する者ではなく、あなたを尊重するので傘下《さんか》に入れてくれ、ということを伝えるために、なんでもいいからほめ言葉のようなものを口にするのである」。

さらに「『相変らずお美しい』とか、……相手を見もしないでありきたりな美辞を口にするのが、お世辞やお追従《ついしょう》だ。……ほめるためには、相手を正しく見て、その人ならではの美点を見つけなければならない。心から、この人はこの点がとてもいい人だ、と思った時に、それについてほめるから、言われた人も気持がいいのである」と言う。

まさに至言《しげん》である。その人の、美点を見つけなければならないから、真剣に真摯《しんし》に見つめる、温《あたた》かいこころで見つめると、クライエントにもその思いが自然と伝わり、よいラポール（相互信頼）が、より築きやすくもなるだろう。

圧巻は、染色コース専攻の女子大生が、「自分には才能がない」と嘆くと、清水は「いや違うよ。きみには才能があるよ……たとえばパーティーをやるとして、割り箸や紙ナプキンやランチョンマットなどを買ってきてと頼んで、きみがこの中でいちばんセンスのいいものを買ってくることを私は知ってる。それも才能だよ」と答え、「その子の表情が輝いたのが忘れられない」と締めるくだりである。

常に正しくその学生を見つづけていたからのことばである。

やや表面的なほめことばに傾きがちな私への戒《いまし》めの意味でも、ありがたくつかわせていただいている金言である。

上司の権威をつけるための最良の方法は、部下が困っている仕事を解決してあげることである。

オノレ・ド・バルザック

上司との人間関係についての悩みは、職場の問題の中でも定番中の定番である。今日もまた、眉間《みけん》にしわを寄せ、うなだれたクライエントがいらっしゃる。

高圧的、一方的、責任回避……果ては、パワハラとくる。ときには、上司の関係者にも来ていただきお話をうかがったり、休職後の復職の診断書に「再発防止のためには、配置転換が望ましい」と記したりする。

ひるがえって、このことばである（『人生はニャンとかなる！――明日に幸福をまねく68の方法』水野敬也・長沼直樹　文響社）。思わず唸《うな》ってしまうほどの金言だ。これが頭の片隅にでもあれば、よもやパワハラチックな行為などは決してしないだろう！

権威づけに怒鳴り声は無縁《むえん》であり、完全に逆効果である。教育のために常に問題を解決してあげることはないにしても、そういう視点や意識をもって、部下や仲間たちに接することが肝心だ。

うつも癒《い》え、昇進して意気揚々の方に、お話ししてとても喜ばれる格言である。

ちなみに、バルザックはフランスの著名な小説家で、イギリスの作家サマセット・モームがエッセイ『世界の十大小説』の中で、彼を「確実に天才とよぶにふさわしい人物」と述べている。

バルザックは90篇の長編・短編からなる小説群「人間喜劇」を執筆している。そんな、人間観察の天才のことばだから、よけいありがたく、身に滲《し》みる金言だ。

失恋の処方箋

そんな不幸な事態が万一起ったならば、心の中で「時の流れを信頼しましょう」とお呟きなさい。ときの流れとは不思議なもの。

遠藤周作《えんどうしゅうさく》

中学1年生のときは、多少モテた思い出がある。しかしそれからがたいへんだった、自意識過剰で、敏感で、神経症的な青年期が到来したものだから、赤面、震え、ことばも出ず、まったくダメとなった。

当然のように、恋愛論を読む。その中の一冊が、当時一世を風靡《ふうび》した『海と毒薬』や芥川賞受賞作『白い人』を著《あら》わした遠藤の『恋愛とは何か——初めて人を愛する日のために』（角川文庫）だ。

これは、思うにうら若き女性の恋愛心理を中心に描かれているが、失恋のときの、遠藤の対処法が、このことばだ。

「精神科でいちばんよく効くのは、いわゆる時薬（ときぐすり）」はよく使われるフレーズ。臨床《りんしょう》では、「ちょっとした？出来事なら2週間、ペットも含めた喪失体験、死別反応なら2ヵ月を目安にしましょう」とよく言う。

さらに「失恋のあとに感情の波やうねりはもちろん来る、当然だ。それが大きければ大きいほど、あなたは彼をいっぱい愛してた証拠だし、真剣な交際だったあかしだよね。そして、彼に対して憎しみや恨みがわいてこないんだったら、いい恋愛をした証拠だよ」などと話す。

遠藤はこのことばに続けて、「三か月たってごらんなさい。今は真暗にみえた行先も少しずつ光がみえてきます。四か月たってごらんなさい。少しずつ新しい生活をやりなおしてみようという勇気も湧いてきます。常識といえばあまりにも常識的な、この想像力に信頼することが失恋に対処する、一番賢明で確実な策であり、技術なのです」と言っている。

素晴らしい休息の味

仕事から来た疲労には休息の喜びがあるが、怠惰から来た疲労には、休息のときになって、いら立たしい後悔がよみがえる。

石川達三《いしかわたつぞう》

ただ休めばいいというわけではないらしい。

酒も、あわただしく働いて、人間関係で疲れたあとのほうが、おいしい。意外とゆっくりした日曜日の夜のそれは、おいしくない。そんな経験はみなさんにもあるだろう。

石川達三の『私の人生案内』（新潮社）には、「知恵の言葉」と題して８００の金言が収載してある。

後記に、「これは三十余年にわたる、私のほとんど全著作のなかから選び出した（言葉）である。ひとつひとつの短い文章は矛盾にみち撞着にみちているが、だからこそ私の（人生案内）だとも言えるかも知れない。この小さな本一冊が、結局は私自身であり、私の性癖であり、私の教養の限度であるということにもなるだろう。……こういう本は生涯に一冊しかできないものだろうと思う」と記《しる》している。

日本文学の大巨匠で、歴史に金字塔を打ち立てた石川にここまで言わせる……だからこそ、やはり真のこころのバイブルなのである。

換言すると、素晴らしい休息の味をたのしめるような、働き方や生き方をしようよ！ということだろう。

クライエントのみならず、私自身にも常に、語りかけている金言である。

笑いをつくる！

面白いことはどこにでも転がっている。なかったら、つくったらええねん（笑）

田辺聖子《たなべせいこ》

まさにSense of mastery（自己統御感）を彷彿《ほうふつ》させることばである。

残念ながら、『感傷旅行（センチメンタル・ジャーニィ）』（角川文庫）で芥川賞を受賞し、さらに文化勲章も受章した高名な作家である田辺は、２０１９年6月6日に逝去。その彼女の人生は、常に笑いとともにあったという。

大阪市の写真館の家で生まれ、総勢二十数人の大所帯で、曾祖母、祖父母、両親、弟と妹、未婚の叔父や叔母、見習いの技師さんが常時5～6人は住み込んでいて、家はいつも人でいっぱいで、笑いの絶えない家だった。

そして、のちの「カモカのおっちゃん」川野《かわの》純夫《すみお》さんとの出会いが笑いに拍車をかけた。

「妻を亡くし、4人の子持ちだった開業医・川野さんは4歳年上。出会いから2年後の66年に2人は結婚する。『おっちゃんとはようおしゃべりをし、よう笑いました。おっちゃんは多弁な人ではないけど、言葉の使い方がうまいんですよ。落語を聴いていたら知らない間に笑わされているでしょ。そういう間というか、呼吸をつかむのがうまい。飾ることをしない、ホントのことしか言わない人でした』」（「笑ってこその人生」ゆうゆう創刊15周年スペシャル　2016年12月31日発売号）

さらに田辺は、「おっちゃんは、入院してからも『おもろい話はないのか』って。最後までよう笑わしてくれたから、上出来やと思います」と言う。

そして、このことばで結んでいる。

面白いことはそこらじゅうに、あるから探してごらん！　見つからなかったら、自分でつくったらいいのだ！　と。

でも、重いうつの人には、タブーだ。

「それができないから、ここに来てるんじゃないですか！」って、怒られてしまうから。

あくまでも、クライエントの状態を正確に把握したあとに、言える人には言ってみる。

あまりに他力本願な人は、ハッとした表情になり、「目が覚めました、やってみます！」なんて反応になる。

類することばを、週刊朝日（2019年11月1日号）に見つけた。

「くよくよしてもしょうがねえ　笑いの種を探して笑うんだよ」

松倉久幸《まつくらひさゆき》（浅草フランス座演芸場東洋館会長）の『起きたことは笑うしかない！』（朝日新書）の紹介記事より。

第5章

そっとつぶやいてみる

頑張ってるね

晴日《はるひ》

うつの人を励ましてはいけない、なぜならもう本人は、十分、自分でじぶんを励ましているから。それでも元気になれない——うつだから。

とくに本人にとって、影響力のある人は要注意である。たとえば恩師、愛している母親、恋人などなど。

そんな人に、頑張ってね！　と言われると、じゃ、頑張んなくちゃ！　とふたたび気を奮い立たせて、さらにエネルギーを消耗し、うつを深くする。そして、あんな大事な人に励まされたのに、できない自分を責めつづけ、希死念慮《きしねんりょ》（自分は死ぬべきだという思いが頭から離れなくなる）がわいてくることがあるから。

それでは、うつの人には、どんなことばをかければいいのだろうか。

シンガーソングライターでカウンセラーでもある晴日は、「無理しないでね」「応援しているよ」とともに「頑張ってるね」をあげ、「これって、意外に見落としがちな表現ではないだろうか。相手が頑張っていると理解していても、ついつい『頑張ってね』と声をかけてしまう。もっと頑張れと言われている気がして、時として今の自分ではまだダメだという気持ちになる。でも、人は誰でも自分を認めてほしい欲求があるもの。頑張っている自分をちゃんと認めてくれているという言葉は、さらなる動機づけになるのだ」と言う（「夜更けのRecollection　旅びとよ　Vol.5」ROUTE INN HOTELS）。

認められた安心感とともに、自尊感情も育《はぐく》まれる。

診察室で、うなだれ、意気消沈している方に、ゆっくり、やさしい声で「頑張ってるね、よく頑張りましたね！　さあこれから充電しましょう」と語りかけると、肩から力みが消え、ほっとした表情になる。

ちなみに、このことばが載っていたのは、故郷の山形へ帰省したとき、よく利用するホテルの機関紙である。

未来は、希望と不安で、できている。

青空をバックに、このことばが躍《おど》る！　保険会社の全面広告だ（三井住友海上の全面広告　朝日新聞2016年3月29日）。

一目で惚れこみ、この新聞を保存し、診察のとき、将来への不安を語る方にお見せする。将来、未来が不安だって？　なんとかしてほしいって？　そもそも将来は、未来は不安なんだよ！　だって将来は、不安と希望でできてるんだから！　しょうがないね！　だから、どこ見て進むかだよ。不安だけ見ればそりゃ、つらくもなる。絶望的な気持ちになって、来たくもないメンタルクリニックに来ることになるだろう。

一方、未来は希望でできてもいるんだから、ここはひとつ、希望や夢、憧《あこが》れだけを見て、歩んだらどうかな、なんて話す。

この話に乗ってきて、希望だけ見る練習をしたいなんていう生真面目《きまじめ》な方には、臨床心《りんしょうしん》理士（公認心理師）によるカウンセリング、すなわち認知行動療法的アプローチを勧める。

ＬＩＶＥとＥＶＩＬ

生きる（live）の反対のつづりは、
悪・不道徳（evil）だ。

作者不明

真面目に生きていると、疲れてくる。

遊びがほしくなる。ふっと邪悪なことが頭に浮かんでくる。こんなんじゃいけない！

内省の虫が蠢《うごめ》く。

そんなとき、このことばはいい！（『必ず出会える！人生を変える言葉２０００』西東社編集部編　西東社）

そうなんだ！　liveとevil――似てるじゃん。おもしろいなあ！

だからいいのか！　一生懸命生きてるから、反対のことが浮かんでくるんだ！

言語学的な検討は何もしていないから、真偽《しんぎ》のほどは定かではないけどね。

クライエントとの人生についてのお話の最中に間の空いたとき、このことばを、そっとつぶやくことがある。

一呼吸してちょっと、小首をかしげ、考えこんだあと、にっこりされる方が多い。

薬に関して同様のことば。もちろん作者不明。

副作用にひっかけて、「クスリ　は　リスク」。

自己肯定感が生まれる

「砂時計は、時間を丸見えにするんだね」

水無田気流《みなしたきりう》

私の診察室の机の引き出しには、小さな砂時計が入っている。

森田療法的アプローチ（日本独自の精神療法で、気分本位から目的本位に行動することを促す試み）で、とにかく目的本位の行動、びくびくはらはらしながらも現実に向かい、進んでいくことを、よく勧める。

傷つきながらも前進すると、結果は問わずとも、自分は努力してるんだ、歩んでいるんだという自己肯定感が育《はぐく》まれて、後には自尊心となる。

砂時計を置き、ひとしきり話して、砂が尽きたとき、「でも人生では砂時計の上下を逆にすることはないから」と言うと、はっとして、「そうですね！　やってみます！」と言う青年期の方は多い。

詩人で社会学者、國學院大學経済学部教授でもある水無田気流のことばである。大阪大学総長も務めた哲学者・鷲田《わしだ》清一《きよかず》が、朝日新聞一面で連載を続けている「折々のことば」（2019年1月22日）で紹介している。

「……時間を必死でやりくりする彼女に息子が、紅茶の飲み頃を知らせる砂時計を見ながらこう呟《つぶや》いた。堰《せ》き止めを許さない時間の残酷？　男女間に横たわる『巨大な時空の歪《ひず》み』を論じた『「居場所」のない男、「時間」がない女』から」

人生とは試練と共存すること

榊原晶子

日本の三大新聞は朝日、読売、毎日であろうか。それぞれに読者の投稿欄がある。順に「声Voice」「気流」「みんなの広場」である。自宅では朝日新聞、週に一度の外来を担当している豊後荘《ぶんごそう》病院では読売新聞、行きつけのガソリンスタンドで読むのは毎日新聞だ。

このことばは「声Voice」（朝日新聞　2019年2月28日）で見つけた！　難病の夫を3年半介護した方の投稿である。彼女は言う。

「『神様は乗り越えられない試練は与えない』という言葉を聞きました。多少の違和感を覚えます。……必死でしたが、でもそれはやるしかなかったのです。24時間見守りが必要で、私が見放せば、夫は命の危険にさらされます。社会的な援助には限界があります。逃げ出すことも出来ず、日々をやり過ごすしかありませんでした。夫が亡くなり、介護という試練は終わりました。でも乗り越えたとは思えません。……おいしい物を食べると、夫と一緒に食べたかったと思い、日々成長する孫を見せたかったと思います。思いは常に夫へ向きます。これも私にとり試練です。結局生きるとは何かしらの試練と共存することなのだと思います。試練とは生きることそのものであり、乗り越えるものとは少し違うと思います」

これを読んで、私は唸《うな》った、生きることの本質を見事に描いている。試練の連続が人生で、まさにそれに寄り添い、ときに凌駕《りょうが》してもまた共存していく。

尽きない悩みを延々と語りつづける人に、このことばを投げかけてみたりする。

見せない努力

実力より少し背伸びして見せておき、足りない分を必死に努力して埋める。

本田直之《ほんだなおゆき》

一年の半分をハワイで過ごし、趣味はサーフィンという実業家の本田のこのことばも、示唆《しさ》に富む（しりあがり寿《ことぶき》との共著『額に汗する幸福論』かんき出版）。

彼は現在、レバレッジコンサルティング株式会社代表取締役社長兼CEOを務めている。

このことば通り実行しつづければ、成功間違いなし。

一見、優雅な生活をしている裏には、たゆまぬ努力がある。大風呂敷を広げるのではなく、もうちょっと、もうちょっとの意識が、最終的には大きな差となってくる。

いつもいつも彼のようにはむずかしいかもしれないが、脳に刻んでおく価値がある名言だ。

このことばを「精いっぱいやってるんですが、うまくいかないんです」などと嘆くサラリーマンに話すと、合点《がてん》が得られることが多い。

できる！　なれる！

「本当はこれがしたいんだけどなぁ」という甘えたガキのタワゴトは絶対になしだ。

杉村太郎《すぎむらたろう》

実業家で株式会社ジャパンビジネスラボ創業者、さらにサラリーマン歌手コンビ・シャインズを結成してミュージシャンとしても活躍した杉村のことばである（『アツイ コトバ』中経出版）。

本の帯には、大きく、明確に「死ぬ気でやれよ、死なないから」とある。

したい？　ほんとうは？　じゃ　やれよ！　と言いたくなるときがある。

スマホ片手に、彼女連れて、ぐだぐだ言う。やれ上司が、やれ親が、青年期の若者がたいていいだが。

そんなとき、したいじゃだめなんだよ！　願望のレベルじゃダメ！　願望から意志へ！

やるよ、必ず！　誰がって？　この私がだよ！

そうすると、どうすれば実現するのか見えてくる。頭に浮かんでくる。それを一つずつ真面目に実行すれば、最終的には、できるし、なれるんだ！

ちなみに、杉村は47歳で他界したが、そのことも相まって、彼への尊敬や追悼《ついとう》の念が禁じえず、みずからにも自戒を込めながら、折に触れ語りかけることばだ。

見込みと期待があるから怒鳴られる

怒鳴られない人はラッキーではなく、期待されておらず愛されてもいないだけだ。

千田《せんだ》琢哉《たくや》

毎日まいにち、上司が高圧的だ、怒鳴る、自分にだけ厳しい、などなどと言ってクリニックへ多くの会社員や公務員、教師が訪れる。

もちろんパワーハラスメントでレッドカードの上司は問題外としても、それ以外の場合には、千田のこのことばを出してみる(『たった2分で、道は開ける。――君のピンチをチャンスに変える70の幸運の言葉』学研パブリッシング)。

ちなみに千田はビジネスや自己啓発を中心にこれまで160冊以上を発刊し、精力的に活躍している著述家である。

そもそも関心がない人を怒るだろうか?

見込みと期待がある、あるいはあったからこそ反応し、声も高ぶったのではないか。いや、仮にそうでなかったとしても、まず、そう考えて頑張ってみたほうが得策ではないだろうか。

人はされたようにするから、そう思い上司に感謝して仕事に励めば、上司にその真意が伝わり、関係が変化するかもしれない。

えっ　そうやってもダメだったって！

じゃ、私やカウンセラーや、場合によっては、お薬や診断書がお手伝いしますよ。

つながり！がそこにある

労働の意義を根拠づけているのは、私たち人間が、本質的に社会的な存在であるという事実そのものである。

小浜逸郎《こはまいつお》

なぜ人は働かなくてはいけないのか?

小浜の『人はなぜ働かなくてはならないのか──新しい生の哲学のために』（洋泉社）

の帯には、「それは食うためなのか？　人間が人間であるためなのか？」とある。

クライエントから問われても、浅学な私には即答できず悩んでいたときに、この本に出合った。

人間は社会的な存在なるがゆえに、働くのだという。機械工がネジをつくればそのネジが自動車の一部につかわれたりする。農作物をつくれば個人が完全にすべてを食べる場合を別にして、家族が、同じ集落の仲間たちが、さらに広く出荷すればさらに多くの社会の人が食べる。

このようにどこまでも労働は社会とのかかわりを深めていく。

そういえば、わずかの賃金であっても、一生懸命働いたあと、必ず「私は、確かに社会とつながっているんだ！」というある種、誇らしく安堵《あんど》にも似た気持ちになることが多い。

仕事に疲れた中高年の方や、「なんで働かなくちゃいけないのか！」と挑《いど》みかからんばかりの若者に、このことばを語りかけ、一緒に考えることがある。

真逆の男と女

男と幸せになるには彼のことをいっぱい理解してあげて、少しだけ愛してあげること。

女と幸せになるには彼女のことをいっぱい愛してあげて、理解しようなんて思わないこと。

ヘレン・ローランド

女は男が忘れてしまうことにいつも頭を悩ませている。

男は女が憶えていることにいつも頭を悩ませている。

アルベルト・アインシュタイン

夫婦、同棲関係、恋人や友人関係など、男女にまつわる悩みも尽きることがない。

男女の脳の生物学的違いにより、それぞれに特性があるそうだが、私は無学でその詳細を知らない。

ロバート・ハリスの『アフォリズム525の格言集』（サンクチュアリ出版）は、まさに私の、名言集めのバイブルであり常に辞書のように愛読しているが、この2つのことばは至言《しげん》である。長年の経験から語り継がれてきたものだから、説得力がある。

延々と悩みを語る方に、「だって、しょうがないじゃない！　昔から、男女はそういう違いがあるそうだからね」と語りかける。

ちなみに、ローランドはアメリカのジャーナリスト、アインシュタインは言わずと知れた相対性理論で知られる理論物理学者だ。

始めることが先！

起業に入念な準備も覚悟も必要ない。
とにかく、小さく、素早く立ち上げること。
あとはやりながら、いくらでも軌道修正できる。
とりあえずやっちゃえ。

家入一真《いえいりかずま》

類することばは多い。

「ファースト・ムーヴィング！」

「進みながら強くなる」（鹿島茂《かしましげる》『進みながら強くなる――欲望道徳論』集英社新書）

家入は日本を代表する連続起業家（シリアル・アントレプレナー）、実業家、投資家である。

エネルギッシュで活躍しつづける彼らしい表現である（『もっと自由に働きたい――とことん自分に正直に生きろ。』ディスカヴァー・トゥエンティワン）。

高名なフランス文学者の鹿島も、準備が完了してからスタートするより、不十分でもまずやり始めると、次つぎに肝《きも》や要点、クリアーすべき課題が見えてきて、結局、早く成功や完全体に近づいていくと、著書で繰り返し述べている。

思慮深すぎるがゆえに、事前にすべてを求めて、逡巡《しゅんじゅん》している方に語りかけることばである。

好意返報性の法則

好意には好意で返したいという心理が働く

雑学活脳研究会《ざつがくかつのうけんきゅうかい》

スパルタ式ではなく、まずほめて人を育てることは、もはや常識のようになっている。

「雑学で日本の大人を元気にする！」をモットーに、多彩なジャンルにわたる雑学本の企画・執筆をライフワークとするライター集団「雑学活脳研究会」は著書の中で、なぜほめられると人はポジティブになるかについて、きわめて興味深い表現をしている。

「これは、好意的に接してくれる人には好意で返したくなるという心理が働くためで、一方的に相手から何かをもらったりしたままの状態でいることを、人間は居心地悪く感じるということがわかっています。心理学では「好意返報性の法則」と呼ばれ、好意を示してくれた相手に対して何かを返さなければフェアでない、という精神的な負担が行動にも現れるわけです」（『ほめる技術でチームが変わる！』サプライズＢＯＯＫ　アントレックス）

この本で、私はそういう法則があることをはじめて知った。

まあ、バリバリの自己愛性パーソナリティ傾向の人には、まったく効果はないだろうね。

「モテるこころ」のつくり方

女子から「かっこいいですね」と褒められたときの返事として、最も適切なものは何か答えなさい。

――我々が出した模範解答

「えー！　そんなこと全然ないけど××ちゃん（相手の名前）に言われたら超うれしい！」

西内《にしうち》　啓《ひろむ》

どうすれば女子にもてるか式のハウツー本を、友人と読みあさった青春時代があった。なぜかって？　僕たちはもてなかったからさ！

あのころにこの本（『理系男子のための恋愛の科学』秀和システム）があったらなあと、ため息をつきたくなるほど、いい本がこれである。

カバーに「Loveology for Geek」という英文が入っているが、Geekとは卓越した知識をもつ人たちを言い、一部はオタクの意味もある。理系男子をたとえている。

西内は、東京大学医学部卒の統計家でダナファーバー／ハーバード がん研究センター客員研究員をへて、現在は分析サービスを提供する株式会社データビークル代表取締役をしている。

本の帯がおもしろい。

「東大で多くの非モテ系男子学生を救った伝説の恋愛セミナーを再現！」

「ポジティブ心理学で『モテる心』を作る。マーケティングサイエンスを応用し『女子という異民族』を知る。コミュニケーション科学から『恋愛会話の傾向と対策』を学ぶ。科学の力で、モテる仕組みは構築できます」

西内の模範解答はきわめて有用である！ うぬぼれや自慢、おしつけがましさがなく、しかも相手のこころを打つ！

診察場面だけではなく 生活のあらゆる場面でつかわせていただくことばたちのひとつだ。

歩みは遅くても

Slow and steady wins the race.

英語のことわざ

イソップ物語の「ウサギとカメ」（The Hare and the Tortoise）に由来する教訓としても有名だ。ゆっくり着実に走ればレースに勝つ。

いわゆる「急がばまわれ」のことわざのことであるが、steadyがむずかしい。名言を一日ひとつ書いていけば半年で一冊の本ができそうだが、そうは問屋がおろさない。

私の大先輩の教授が、よく口にされていたことばだ。エポックメイキングな仕事はもちろん素晴らしいいし、できればその連続であってほしい。

大躍進、長足の進歩や変革が望ましい。しかし、いつもそのようなことばかりではない。むしろ、果たしてこんな仕事や勉学のどこに意義があるのか、果ては毎日雑事の処理に追われることに何の意味があるのかと疑念に駆られるときのほうが多い。

そんなとき「歩みは遅くとも、決してあきらめず半歩でも前に足を運んでいれば必ず道は開ける」と解釈し、とくにsteadyに重点を置いて自分に言い聞かせることがある。

今回のことで、人間を勉強させていただきました。

クライエントの母親

うつ病は、現在ではだいぶ解明され、単なるストレス原因説より脳内の神経伝達物質の減少など、むしろ生物学的な要因のほうが重要視されている。

このことばは、ご子息がうつに陥《おちい》ったときに、優《すぐ》れた兄と比べられて苦しかったことや、両親の関心も兄にばかり集中して自分は見捨てられたようでさびしかったことなどを本人からはじめて聞いた母親が、涙を流しながら息子に詫《わ》びたあと、私に言ったことばである。

精神医学的には、そのような葛藤《かっとう》だけが原因とは思えないと説明したが、それでも、「人間を考えるよい勉強になりました」と何度も言われたことを、20年以上過ぎた今も忘れることができない。

病《やまい》に陥ったことをマイナスととらえない姿勢と、その母親の謙虚で温《あたた》かい人柄を彷彿《ほうふつ》させる。

やる気の居場所

家に帰ってから最初に座る場所で、自分の人生が決まる

喜多川泰《きたがわやすし》

『〜私の受験勉強を変えた十通の手紙〜「手紙屋」蛍雪篇』（ディスカヴァー・トゥエンティワン）は最近手にしたものだが、私の大学受験期にあったなら、間違いなくベストセラーになっただろう。この本の著者が喜多川である。

進路で悩みながらも受験勉強に精を出している高校2年生の主人公、和花《わか》のもとに、勉強の意味や続け方について10通の手紙が送られてくるというスタイルをとる。10通すべてが魅力的でひきこまれる。なかでも7通目のこのことばは素敵だ。

たとえば、私は日曜日に原稿を書くのだが、起きてすぐ朝刊を持ってソファに座っちゃうと、そのままテレビ番組欄を見て、テレビを見ることになるのだろう。

でもこのことばどおり、私のパソコンが置かれているデスクに座ることにしたから、何分かでも、この文章を書くことができている。ときには朝食もとらずに2〜3時間書きつ

づけることもある。

一脈通じるものとして「3分間だけやってみよう」というのがある。

いくらなんでも、3分はやれるだろう。3分だけ、とやっているうちに、乗ってきて30分やれるかもしれない。乗ってこなくても、3分はやったからもうけもの。

やる気がわきませんの、やや無気力傾向の方へ話すと、次回には頬を紅潮させながら、「やれました!」と微笑む人がいる。

奪い合うか分け合うか

天国と地獄の長い箸

青柳田鶴子《あおやぎたずこ》

『ものの見方が変わる 座右の寓話《ぐうわ》』(ディスカヴァー・トゥエンティワン)の著者、戸田智弘《とだともひろ》は、古河電気工業などで働いた後に出版業界へ転身、さまざまな分野の著書を執筆している作家で、日本福祉大学職員でもある。

寓話とは、比喩《ひゆ》によって人間の生活に馴染みの深いできごとを見せ、それによって教訓を与え諭《さと》すことを意図した物語である。イソップの寓話が有名だ。

戸田の著書では、77の寓話をとりあげて、それぞれ詳しい解説をしている。

私はこれまで、寓話には縁《えん》がなかったけれど、この本のおかげで、その奥深い世界の一端に触れることができた。

その中でも興味深かったのが、青柳の『ほとけの子』（法蔵館）からのものである。

「地獄の食堂も極楽の食堂も満員だった。……地獄の食堂も極楽の食堂も決まりがあった。それは、たいへん長い箸《はし》で食事をしなければならないということだった。

地獄の食堂では、みんなが一生懸命に食べようとするのだが、あまりに箸が長いのでどうしても自分の口の中に食べものが入らない。食べたいのに食べられない。おまけに、長い箸の先が隣の人を突いてしまう。食堂のいたるところでケンカが起きていた。

極楽の食堂では、みんながおだやかな顔で食事を楽しんでいた。よく見ると、みんなが向かいの人の口へと食べものを運んでいた。こっち側に座っている人が向こう側に座っている人に食べさせてあげ、こっち側に座っている人は向かい側の人から食べさせてもらっていた」

すなわち、地獄には、「自分のことしか考えていない人」がいて、一方、極楽には、「自分のことだけではなく他人のことも考える人」がいる。それが天と地を分けている。

「奪い合うから足りなくなり、分け合えば余るのである」とも言っている。長い箸、地獄と極楽、なるほどなあ。合点《がてん》がいくなあ！　おもしろくて的確な表現だなあ！　今度　寓話好きの方に話してみようかなんて、期待に胸がふくらむ。

実行可能な目標をひとつだけ

現実の自分が、もしかしたらなれたかもしれない自分に、悲しげに挨拶《あいさつ》をする。

フリードリッヒ・ヘベル

会計事務所勤務の後、製薬関係を中心に企業経営の道に進んだカナダのキングスレイ・ウォードは、デビュー作『ビジネスマンの父より息子への30通の手紙』（城山三郎《しろやまさぶろう》訳　新潮文庫）がミリオンセラーとなり、世界中に名を轟《とどろ》かせた。

訳したのは日本に経済小説を根づかせた高名な作家・城山である。彼には『官僚たちの夏』や『小説日本銀行』の代表作があるが、私は妻を偲《しの》んで書いた『そうか、もう君はいないのか』がベストだと信じている。彼女への至高の愛が表現されていてこころを打たれた。

そしてこのことばだ。

ウォードは、「このごろ、ことに若者のなかには、人生に意味を見出すことのできない不幸な人びとが多い。おそらく、その原因の大部分は目標の欠如だろう。目標がなければ、それを達成する喜びを感じることもない。何らかの理由で彼らは自分に与えられた可能性を生かすことができないし、また同じ理由で、いつか鏡をのぞき込んで、フリードリッヒ・ヘベルの言葉をつぶやくだろう」と言う。

いつかがいい。そして決定的なのは、悲しげに挨拶をする、というところだ。このくだりでドキッとする。

ああはなりたくないから、目標をもって、今年の大きなものでなくとも、今日一日の目標をつくって（しかも、ポイントは〝実行可能なものをひとつだけ〟つくること！）、そうするとほどなく、今週の、今月の、そして今年の目標が自然に見えてくるから、そうやって生きてみようよ！　なんて、最近は若者だけではなく、早期退職して目標や生きる意味がわからなくなりましたという、中高年の方がたに話すことがある。

このことばを聴《き》いて「肩をすぼめ、伏目がちに、とぼとぼ夕暮れの路地裏を歩く自分の姿が脳裏に浮かび身震いしました」といったクライエントが、とくに印象に残っている。なおフリードリッヒ・ヘベルは、19世紀ドイツの劇作家であり、詩や小説も手がけた人物のようだ。

なにごとも「要は自分次第」

「聞こえないことに甘えてはならない。補聴器の力を借り、相手の表情や口元を見ながら言葉を読みとる集中力を持って下さい。大きくはっきり話してもらい、聞き取れた単語から勘を働かせて推測し、積極的に会話に参加する。要は自分自身の努力ですよ」

大河原佳子

朝日新聞の読者の投稿欄からのことばである（「声Voice」朝日新聞２０１９年8月16日）。

老若男女さまざまなクライエントが訪れる。若者は中学生からと決めているが、中高年者には区切りを設けていない。高齢の方には、難聴傾向の人が多い。まあ、私の見るところ、８割の方は補聴器をつけていない。

精神科はことばとことばのやりとりで進めていくから、聞きとれない、聞こえづらいということが決定的となり、関係はぎくしゃくしたものとなり、自然なコミュニケーションがとれない。

看護師だった彼女は、難聴の進行により、退職を決意したときに、地域の障害者センターの医師からこのことばをかけられて、大きな力をもらったという。そして「いま私の生きる姿勢の基盤となっているのはこの言葉だ。難聴はそれほど重荷になっていない」と言う。あくまでも、主体は自分にある。みずからを引き受け、それでもなお前進していく覚悟が大事だ！　勇気をもらうことばである。

たいてい、難聴傾向のクライエントは付き添いの人と一緒に来られるから、双方がこの鼓舞《こぶ》することばに耐えられるかの十分な吟味をしてから、紹介することもある。

付き添いの方から「元気な人には、いいかもしれないけど、うちの人にはやさしくしてください」って、チャチャが入ることも多いから……。

自分を進歩させるヒント

リハビリに成功した運動選手は、自分の進歩だけを見ていました。自分自身を比較していたのです。自分は、先週からどのくらい、先月からどれくらい、「進歩しただろう」と、自分自身を比較していたのです。

チャールズ・フォルクナー

私が名言についての本を出していることを知ったあるクライエントが、こんな本がありますよと言って、プレゼントしてくれた。なんと「マーケットという勝負の世界で生き、勝利を収めてきた人たちの心からの言葉です」という(『魔術師が贈る55のメッセージ』磯《いそ》崎《ざき》公亜《きみつぐ》 パンローリング)。

クライエントは見るからに颯爽《さっそう》としたエリートビジネスパーソンで、軽い睡眠障害でクリニックに通っているのだ。

マーケット（金融市場）方面は、私はまったくの素人で、バブルのころ、投資信託に手を出したが利益が出ず、少し元本割れして、妻に叱《しか》られた思い出がある程度だ。

ぱらぱらとめくっていると、このことばが目に止まった。説明として、「自分よりも優れた人を目標に頑張るのも、〝今〟の自分と〝過去〟の自分を比較しながら頑張るのも、自分を進歩させる方法である。ただ、優越感や妬みといった他人に対する余計な感情が生まれないぶんだけ、後者のほうが自分を進歩させるのには適している、といえるかもしれない」とある（『新マーケットの魔術師――米トップトレーダーたちが語る成功の秘密』ジャック・D・シュワッガー著　清水昭男《しみずあきお》訳　パンローリング所収）。まさに至言《しげん》だ！　これに類する名言も多い。

ちなみにチャールズ・フォルクナーは、NLP（神経言語プログラミング）トレーナーで、トレーダーとして成功するための精神的な構造について、調査・コンサルティングをおこなっているという。

思わぬ出会いがあるのは、うれしいことだ！　ちなみにこの本を紹介してくれたクライエントの一押しは、世界的トレーダー、トム・バッソの次のことばだそうだ！（前掲書所収）

「人生とは、今、一度しか見ることのできない映画であるかのように考えるのです。同じ場面は二度とないのです。夢中になって、理解して、楽しまなくては」

パートのおばさんのリーダーシップ

上司を動かせる人であって、初めて部下を動かすことができ、同僚や関係団体を動かせる人であって、初めて物事を動かすことができるんです。

宮端清次《みやばたきよつぐ》

「リーダーシップとは〝影響力〟である」これはソニー創業者の井深大《いぶかまさる》が語ったリーダー論だ。はとバス元社長の宮端が、リーダーシップとは何かを考えるうえで、とても示唆《しさ》に富む名言であると紹介している。

宮端がソニー創業者の井深大の講演を聴《き》きにいったときの話である。

井深は、便所の落書きがやまずに困っていた例をあげ、「会社の恥《はじ》だからと工場長にやめさせるよう指示を出し、工場長も徹底して通知を出した。それでも一向になくならない」。

それが、あるときからなくなったという。わけは「実はパートで来てもらっている便所掃除のおばさんが、蒲鉾《かまぼこ》の板二、三枚に、〝落書きをしないでください　ここは私の神聖な職場です〟と書いて便所に張ったんです。それでピタッとなくなりました」と言う。

さらに井深は、「この落書きの件について、私も工場長もリーダーシップをとれなかった。パートのおばさんに負けました。その時に、リーダーシップとは上から下への指導力、統率力だと考えていましたが、誤りだと分かったんです。以来私はリーダーシップを〝影響力〟と言うようにしました」と結んでいる。

宮端は井深のエピソードを踏まえて、このことばを記している（『一流たちの金言』藤尾《ふじお》秀昭《ひであき》監修　致知出版社）。

上司の悪口を一方的に言いつづけるクライエントにこそ、このことばはふさわしい。

もっと動的に、立体的に、考えてみよう。

少しずつでも、上司を動かす策はないものか？　アプローチはないのか？　と考えてみる。それが、ひいては部下や同僚をも動かす力になるかもしれないのだから。

言って、乗ってくる方か、怒りだす方かの吟味をしたあとで、ゆっくり話してみる。

いいことが起きる早起きに挑戦

早朝出社せよ。早めの出社が上司の「威厳」をつくる。

田中和彦《たなかかずひこ》

私は完全朝型人間である。

朝風呂の素敵さにめざめたのがきっかけだが、朝の素晴らしさや早起きの効用を謳《うた》った本は多い。

プラネットファイブ代表取締役、人材コンサルタント、コンテンツプロデューサーで、一時、朝日新聞の土曜版「be」のコラム「はたらく気持ち」を連載していた田中は、『40歳から伸びる人の習慣』（PHP研究所）で早起き効果をわかりやすく説明している。

「会社員にとって、早起きは、もっと具体的な効用をもたらしてくれます。……部下が出社する前に、誰よりも早く会社に行くことで、見えてくるものがあります。誰が何時ごろ出社してくるのか、どんな表情で毎日現れるのかなど、あなたの部下についての情報量が飛躍的に増えます。そして、上司が早く出社するということは、上司の『意識の高さ』と『情熱』が、具体的に誰の目にも見える形になっているということです」と田中は言い、続けてこう結んでいる。

「『意識の高さ』と『情熱』において、部下に勝っていれば、マネジメントの大半は解決すると言ってもいいでしょう。上司の威厳は、そんなところから生まれます」

流れるような論理の展開の中で、さすが田中が一橋大学卒であるという優秀さもうかがえて、いっそうこのことばが光り、私は大好きだ。

ここのクライエントには、とても朝型人間が多く、このことばを出汁《だし》にして、早起き談義に花が咲く。

細切れ時間の有効活用法

細切れ時間を有効活用するためには、あらかじめ一番大きい〝幹〟となるフレームワークやストーリーだけはちゃんと考えておき、そのうえで空いた時間で盛り込むネタとしての〝枝〟を生やしていくのです。これを意識しておけば、時間を有効に利用することができます。

村上朋也《むらかみともや》

本を出しましたって言うと、決まってクライエントから「お忙しいのに、いつ書いたんですか?」と質問される。

私には細切れの時間しかない。診察と診察の合間だけ。

うちは予約制ではなく再診は自由だから、来院者数がまったく読めない。激混みのときもあれば、ずいぶんと閑散なときもある。もちろん、はじめての方だけは完全予約制だけど……。

そこで国内外の企業・官公庁を中心に、さまざまな人と組織の課題に対するコンサルティングを提供している村上人財研究所の所長、村上のことばだ（「結果を出す人のメンタル強化術」月刊サーカス2011年6月号増刊）。

私はこのことば通りにやっている。すなわち、クライエントに話して有益で印象深かった名言を、まず決める！ それを幹にして、どういう枝葉をつけるのかを、偶然にも空いた時間で考える、という寸法である。

金言や名言を考える場合、途中に診療で中断されると、思考が振りだしに戻ってしまい、さっぱり先に進まないいし、イライラしてきて精神衛生上もよろしくない。枝葉の場合は、さっと切り替えができて、診療にも思考にもなんら影響はないのだ。

この金言に出合ったときは、うれしかったなあ！

経験でなんとなくぼんやりわかりかけてきたことが、鮮明に可視化されて、これでいいんだ！ と実感できた瞬間だった。

マイナス面は自分そのものではない

あなたは自分のことを好きだろうか。ある程度自分を受け入れなければ、どんな成功も不可能である。自分を受け入れるということは、今のあなた自身をありのまま迎え入れる心境になるということだ。自分の過ち、弱さ、欠点、短所などすべてを、自分の強さや長所と一緒に抱え込むことである。これは、こうしたマイナス面が自分の一部であり、自分そのものではないことに気づけば容易になる。

コリン・ターナー

私は長く1階の和室を自室にしていたが、近くに住む娘に子どもができ、時どき遊びにくるというので、和室をプレイルームにすることにした。それで2階の子ども部屋に引っ越した。

もう3人の子どもたちは社会人となり、家を離れているが、子どもたちが読んでいたであろう本がたくさん、まだ置いてある。

なんの気なしに、パラパラとめくってみたのがこの本で、ボールペンでマークしてあるところのひとつがこのことばだ（『あなたに奇跡を起こすやさしい100の方法』早野《はやの》依子《よりこ》訳 PHP文庫）。

それを見たとき、ある種、温《あたた》かい感慨がわいてきた。

3人のうちの誰かは定かではないが、ああやっぱり子どもたちも、青年期に自己と対峙《たいじ》して、自分を受け入れることに逡巡《しゅんじゅん》した時期があったんだなあと……。ことに、最後のフレーズがいい！ 多面体の自分に気づくまでは苦しいんだよね。

フランスのビジネススクール「テセウス・センター・オブ・エンタープレヌリアル・リーダーシップ」の所長を務める経済学教授、コンサルタント、作家のコリン・ターナーは、繰り返し自分の見方を変える重要性を、この本で説いている。

最良の仕事の日よりも最悪の釣りの日のほうがまだマシである

ニュージーランドのことわざ

ニュージーランド・カンタベリー大学院で心理学の修士号を取得し、世界各地の企業で「イノベーティブ・シンキング」セミナーをおこなっているヘロウド・アソシエイツ代表取締役のコンラッド・ヘロウドが引用していることばである（『嫌いな上司の下でモチベーションを保つには』プレジデント2014年11月3日号）。

私は、オーストラリアのメルボルン大学に留学する機会を得たが、その休暇中に妻や子ども3人とともにニュージーランド（南島）旅行をした。いやはや、大感動でしたね！　人の数より羊が多いとやらで、とてもみんな親切！

日本を含むアジアのように、ちょっと疲れて弱音を吐くと、「代わりはいくらでもいるから、さっさと辞めてくれていいよ」で終わりになるのとは違って、家族を愛《め》で、趣味を存分に楽しむことを第一義的にする国民性だった。

ヘロウドは「仕事よりも休日を大切にするニュージーランド人の性質をよく言い表したことわざです。日本人は勤勉で、それ自体は非常にいいことです。でも、ときにはニュージーランド人のように『たかが仕事だ』と考えてもいいのではないでしょうか」と言う。

とにかく真面目でうつでも休みたがらないクライエントに、「ドイツ人の夏休みは1ヵ月からだよ」は、やや誇張《こちょう》したきらいはあるものの、診察室でよく言うセリフだ。

このことばとともに話すと、緊張が一気に解《と》け、笑みがこぼれる。

おわりに

ことばによるセラピーについての本は、これで3冊目です。

少年のころから現在までに、ちからになったことばたちを、診察室で自由につかわせていただけるのも、ひとえに、きわめて良好なこの環境のおかげです。

これは、スタッフ全員の素晴らしい天性の資質と、相互間のたゆまぬ切磋《せっさ》琢磨《たくま》の賜物《たまもの》と私は信じています。この診療所で毎日、働けることをこころから感謝しています。みなさま、本当にありがとうございます。

最後に、土浦メンタルクリニックに勤務するきっかけを与えてくださった元筑波大学臨《りん》床《しょう》医学系精神医学教授・白石博康先生と、温《あたた》かい眼差しで自由に勤務しつづけることを許してくださっている医療法人新生会理事長・鈴木守先生に深謝いたします。さらに、最後まで見守り、的確なアドバイスをしてくださったさくら舎の古屋信吾さんと猪俣久子さんに感謝します。

上月《こうつき》英樹《ひでき》

著者紹介

一九五三年、山形県に生まれる。精神科医。医療法人新生会土浦メンタルクリニック所長。山形東高校から筑波大学医学専門学群を卒業後、日立総合病院内科研修医を経て筑波大学精神科へ入る。筑波大学精神科准教授を経て、二〇〇四年に豊後荘病院へ。副院長のあと二〇〇七年より土浦メンタルクリニック所長。この間、一九九〇～九一年にかけて、文部省（現・文部科学省）在外研究員としてメルボルン大学オースチン病院の青年期部門に留学した。専門は、青年期精神医学、うつ病、不安障害。

著書には『精神科医がつかっている「ことば」セラピー』（さくら舎）などがある。

精《せい》神《しん》科《か》医《い》がよくつかっている治《ち》癒《ゆ》することば

二〇二〇年一月一二日　第一刷発行

著者　上月英樹《こうつきひでき》

発行者　古屋信吾

発行所　株式会社さくら舎　http://www.sakurasha.com

東京都千代田区富士見一-二-一一　〒一〇二-〇〇七一

電話　営業　〇三-五二一一-六五三三　FAX　〇三-五二一一-六四八一

編集　〇三-五二一一-六四八〇

振替　〇〇一九〇-八-四〇二〇六〇

装丁・本文デザイン　アルビレオ

写真　Paul shuang/Shutterstock.com

印刷・製本　中央精版印刷株式会社

ISBN978-4-86581-233-6

さくら舎の好評既刊

水島広子

イライラを手放す生き方

心の強い人になる条件

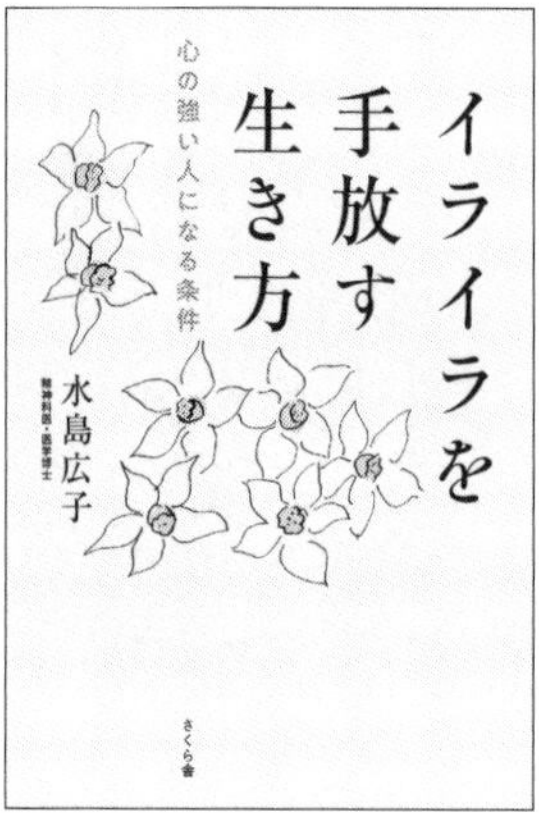

対人関係療法の第一人者が「イライラのもと」を解明！　やっかいな情緒不安定を解消する方法！イライラが消え、つらい人生がたちまち好転！

1400円（＋税）

定価は変更することがあります。